湛庐文化
Cheers Publishing

a mindstyle business
与 思 想 有 关

YOU ONLY HAVE
TO BE RIGHT ONCE
THE UNPRECEDENTED RISE OF
THE INSTANT TECH BILLIONAIRES

创业头条
16位硅谷科技新贵的成功法则

[美] 兰德尔·莱恩（Randall Lane）及《福布斯》杂志编辑部 ● 著

孙莹莹 ● 译

浙江人民出版社
ZHEJIANG PEOPLE'S PUBLISHING HOUSE

YOU ONLY HAVE TO BE RIGHT ONCE

请扫码，回复"创业头条"，

最新头条就是你！

YOU
ONLY HAVE
TO BE RIGHT
ONCE

前 言

互联网海盗颠覆世界

2011 年 10 月 4 日，在纽约高级社交俱乐部 Monkey Bar 举办的媒体聚会上，肖恩·帕克（Sean Parker）一脸落寞地踱进角落，在热闹的派对上似乎显得形单影只。就在两周前，帕克成为我回到《福布斯》杂志重任编辑后登出的第一期封面人物，鉴于这个事实，我觉得有必要向他做番自我介绍。

"我知道你是谁。"帕克迅速回答道，从而避免了我接下来要陈述的一系列个人背景、《福布斯》杂志的市场定位以及我代表杂志前来打招呼的目的。接着，他有点儿强迫症似的自言自语，做了一大通解释，基本内容可以被概括为一句话：谢谢你们。

他之所以有如此表现，并非是出于登上杂志封面的激动之情。那期报道的确展示了这位曾创建在线音乐共享服务 Napster、社交网络 Facebook 和流媒体音乐服务 Spotify 的科技奇才的故事，不过，也并不讳言其怪癖和失误。该文在网络上获得了 70 万次的点击量，发行的纸质杂志也吸引了数百万名读者。但在这篇报道发表之前，拜其饰演者贾斯汀·汀布莱克（Justin Timberlake）在导演大卫·芬奇（David Fincher）的电影《社交网络》（The Social Network）中塑造的形象所赐，帕克被世人看作"互联网流氓"的典型代表。即便是 Facebook 的创始人马克·扎克伯格（Mark Zuckerberg）也承认，这部电影塑造的形象对真实的帕克而言有失公允。被"妖魔化"成邪恶奸商的帕克深受打击，他躲到洛杉矶半岛酒店（Peninsula Hotel），足足有两个月没露面，体重暴增了 13 千克。

最终，帕克 21 岁的未婚妻帮他排遣了抑郁，减去了赘肉。所以，帕克现在得以再次站在我面前，这一次，他是作为和 Facebook 几乎无关的故事里的强势男主角出现，形象也瞬间高大了 100 倍：他作为硅谷一群年轻的"互联网海盗"的典型代表，展示了他们如何避开经济大萧条、颠覆整个行业，最终赚得盆满钵满的创业故事。

天才的年轻人与闪耀的美国梦

就在我和帕克聊天后的第二天，苹果公司的联合创始人兼前总裁史蒂夫·乔布斯去世了。作为上一代"新发迹阶层"的代表人物，乔布斯和微软公司的创始人比尔·盖茨、戴尔公司创始人迈克尔·戴尔并称为"科技界三巨头"，他们在 20 多岁时就成了科技界的颠覆性力量。如今，乔布斯驾鹤西去，盖茨成了全职慈善家，而戴尔公司和苹果、微软一样，被最新崛起的一代看作肥美的猎物而非凶残的捕食者。

这种说法并不新鲜。美国计算机时代的前半个世纪见证了持续不断的、新旧更迭的浪潮。20 世纪 90 年代，我大学毕业之初在《福布斯》杂志做第一次专题时，曾对科技界天才的"X 一代"（Generation X）①的特质进行

---

① "X 一代"指出生于 20 世纪 60 年代中期至 70 年代末的一代人。这代人在 20 世纪 80 年代的经济衰退中长大，又经历 21 世纪初的互联网泡沫破灭，就在他们成家立业之际，又要面对全球金融危机和经济下滑。——编者注

了梳理，比起公司内部的升职加薪，这代人更珍视创业精神，他们促进了互联网发展的繁荣，也见证了互联网泡沫的破碎。那一代人中产生了以谷歌和易趣为代表的大赢家。

然而，到了如今这一代，内部驱动力正在呈指数级增长。这一代年轻有为的从业者对科技已经习以为常，因为他们本就出生在互联网的世界里。如今，不管是酒店、音乐还是运输业，几乎所有产业的运营都离不开科技。因此，**年轻人不满足于仅仅征服科技领域，他们踌躇满志，准备向各个行业发起大举进攻。**

接下来就是资金问题了。这到底会不会引发新一轮金融泡沫呢？时间自会给出答案。成立仅 5 年的打车软件 Uber，在风投资金注入后竟然实现了 170 亿美元的估值，从这一点来看，很难说人们的担心会不会成为现实，但不可否认的是，我们见证了人类历史上最为惊人的财富积累过程。扎克伯格在 30 岁时身价已高达 300 亿美元，或许可以成为这一代的典范，但他并不是唯一的例子。接下来的 5 年多时间里，又有 10 多名美国少年早早当上公司总裁，并成为白手起家的亿万富豪。更令人惊讶的是，这些年轻人对突如其来的财富和地位安之若素，他们几乎都认为这一切是理所应当的。

与此同时，**年轻再也不是劣势，反而意味着颠覆人类全部文明史的力量。**过去，不管你是铁匠还是律师，智慧和经验都是随时间逐渐积累，年纪越大就越有价值。然而，现在情况改变了。过去 20 年来，如果你的电脑出了问题，你宁愿找 25 岁的毛头小子也不愿找 55 岁的老练大叔来修理。近 10 多年来，风投资本家更喜欢年轻的"互联网原住民"，而不是业内老兵，只要前者有一位"成年监护人"搭档就行。如今，成年监护人也变得可有可无。少年们已经完全占领了舞台。

和上个时代那些空手套白狼的对冲基金经理们不同——他们虽然富有但却惹人厌恶，这些年轻的亿万富豪们坐着私人飞机，像超级英雄一样飞来飞去。

这些"白帽黑客"（white hats）①源于精英制教育的培养。**他们的成功依赖创意和技术水平，而非人脉关系和推销术。**阅读本书时，你会发现这些身价上亿的互联网大才们取得的成功，往往与他们少年时代的黑客经历有很大关系，而不是因为他们有一个能够为哈佛大学捐赠奖学金的富爸爸。换句话说，程序员打败了销售员。此外，程序员群体中的性别歧视依然存在，本书并非是故意选取了诸多男性创业者，主要还是因为由女性创立的科技创业公司实在太少。问问书中出现的海外移民或者非美籍人士，比如，简·库姆（Jan Koum）、佩吉曼·诺扎德（Pejman Nozad）或者丹尼尔·埃克（Daniel Ek），你就会知道，美国梦从未像现在这样闪耀。这些故事中能称得上"裙带关系"的元素，就只有那些创始人的室友、朋友或者兄弟会的伙伴，在21世纪的头10年，没有哪个头衔比"联合创始人"更动听、更诱人了。毕竟曾经同甘共苦过的人，日后自然是"苟富贵，无相忘"。

尽管如此，对我来说，这些风云人物有一个终极共同点，那也可能是他们获得成功的关键，用一个词概括就是"特立独行"。我们当前还处在经济危机后的疲软时期，就业市场的表现仍然很不景气。其他人眼中不温不火的经济态势，在互联网新一代看来却是新一轮淘金热，他们迅速开始行动起来。他们抱着这样的信条：**宁愿以后后悔自己干过什么，也不愿后**

---

① 对网络和系统安全性进行测试并协助其改进的网络技术高手。——译者注

悔自己没干过什么。有了乔布斯、盖茨和戴尔的先例，从大学退学的举动变得可以接受，在这个圈子内，退学是一件很酷的事，甚至是一枚荣誉勋章。Snapchat 创始人埃文·斯皮格尔（Evan Spiegel）是在一节课中途直接退学的，那时候离他毕业只有一个月。

成功一次就够了

失败也是可以被接受的。在本书中，几乎所有人都尝过失败的滋味。事实上，**风投资本家们把失败看作一种财富，他们出钱给你机会犯错，赌的就是运气。**整个风投生态系统似乎都建立在"每秒浮点运算次数"（FLOPS）上：一个创意成功的概率只有 1/10？没问题！只要它取得的成功能够一鸣惊人就行。失败再多次都无所谓，只要"成功一次就够了"。**当人们不再害怕失败，就是最伟大的成功即将到来之时**——这条典型的美式励志名言或许能够解答互联网时代几乎所有创新都在这个国度内喷涌迸发的原因。

过去三年来，我的职业为我提供了一个观望科技界风起云涌的绝佳位置，《福布斯》作为美国商业发展的记录者，也是我向全世界介绍自己的最好名片。本书中大部分章节都来自《福布斯》的专题报道，而且其中绝大多数来自"封面人物"专栏。每一章涉及的事实都被核实与更新过，具体时间可追溯到 2014 年夏天本书付梓之前。尽管这些文章的跨度有三年之久，其中的核心特征仍然一以贯之，只是文中出现的数字仍在不断增长。

让我们再次回到开篇时派对上的肖恩·帕克身边。在电影《社交网络》中，汀布莱克饰演的帕克令人印象最为深刻的一幕，显然是他第一次与扎克伯格见面时脱口而出的那句话："100 万美元并不酷，你知道什么才酷吗？ 10 亿美元！"帕克告诉我，那句话纯粹是好莱坞编剧的手笔，他从来没有那么说过。就算他说过，你在读完本书后，也会明白那句话并不可信。在新一代技术精英的世界里，10 亿美元已经不算什么了，100 亿美元还差不多呢！

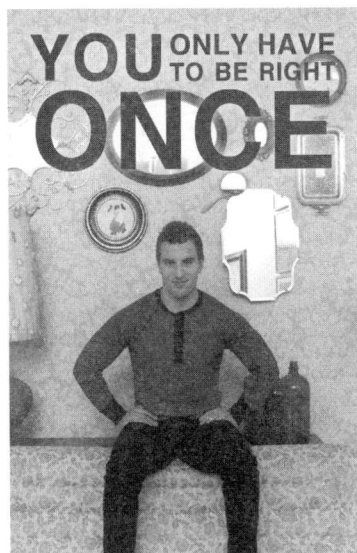

YOU ONLY HAVE TO BE RIGHT ONCE

Brian Chesky, Airbnb

Daniel Ek, Spotify

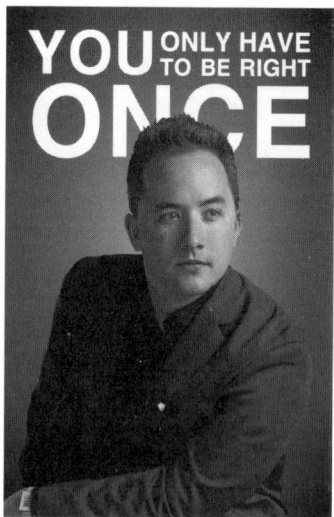

Drew Houston, DropBox

目 录

Evan Spiegel, Snapchat

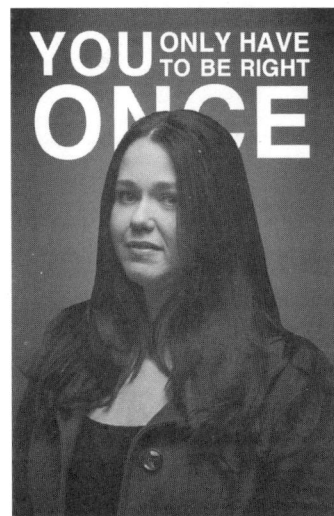

Adi Tatarko, Houzz

YOU ONLY HAVE TO BE RIGHT ONCE

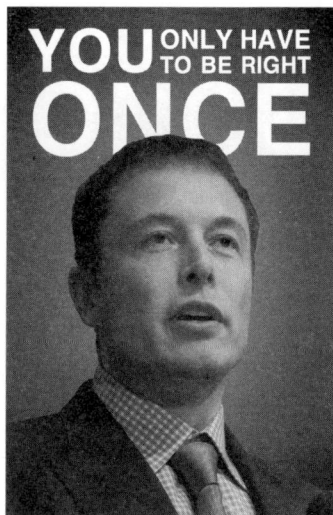

Elon Musk, Tesla
Motors and SpaceX

你不是一个人在读书！
扫码进入湛庐"创新创业"读者群，
与小伙伴"同读共进"！

YOU ONLY HAVE
TO BE RIGHT
ONCE

THE

UNPRECEDENTED

RISE OF THE

INSTANT TECH

BILLIONAIRES

01

如何抓住共享经济带来的机遇

布赖恩·切斯基与Airbnb 商业模式

互联网大亨们一夜暴富的典型案例告诉我们，必须要把一个行业的优势发挥到极致。然而，32 岁的布莱恩·切斯基（Brian Chesky）却通过开创一个全新产业，为自己和两个同伴带来了数十亿美元的个人财富。切斯基创建的在线租赁网站 Airbnb，为家里有多余空间的出租人和寻找住处的旅行者牵线搭桥。作为新兴的人人共享经济模式（Peer-to-Peer, P2P）的先驱者，Airbnb 成功创造了数十亿美元的交易额。它完全建立在早期互联网革新的基础之上：反馈评级体系为交易双方提供了众包模式下的评分和认可；社交媒体可以用来确认交易者的身份并进行背景核实；而智能手机的出现，让人们随时随地都能进行交易。在互联网世界，或许找不到比 Airbnb 这类网站更真实、更注重用户交互体验的 Web 2.0 公司了。《福布斯》杂志记者托米奥·杰龙（Tomio Geron）在 2013 年的采访中发现，共享经济模式正呈愈演愈烈之势。起初，切斯基招待一群参加会议的设计师们在他家地板上住宿并借此挣点小钱，而如今这项生意已经越做越大。而这一切，都尽在切斯基创建的、目前估值达到 100 亿美元的 Airbnb 公司的掌握之中。

美国政府 5 年统计数据显示，全美十几个行业均未实现充分就业，居民收入增长全面停滞。63 岁的摄影师弗雷德里克·拉森（Frederic Larson）就是这份统计数据的一个典型代表。2009 年，拉森被《旧金山纪事报》裁员，还要供养一对正在读大学的子女。如今，他在旧金山艺术学院（Academy of Art University）教书，时不时地去夏威夷兼职授课，薪水、福利和工作用车都大不如从前。

同时，拉森也是一场新兴经济革命的典型代表。这场经济革命打破了有关消费和所有权的旧观念，不动声色地把数百万人转变成兼职创业者。每个月有 12 天，拉森在房屋租赁网站 Airbnb 上把他位于旧金山马林郡（Marin County）的房子以每晚 100 美元的价格出租，自己到手 97 美元；每周有 4 个晚上，通过私家车搭乘共享服务应用 Lyft，拉森那辆丰田汽车摇身变为城市出租车，每晚能再收入 100 美元。

这种生活谈不上浪漫。在房屋租出去的夜晚，拉森不得不搬到临时搭建的一间小屋里居住，只能在健身房里凑合冲个凉。但是通过这种把固定资产转化为源源不断的现金流的方式，拉森每月能多挣 3 000 美元。"我的丰田汽车和房子就是我拿出来共享的产品，也是我的两个收入来源。"拉森说。

　　欢迎来到"共享经济"时代。在这种经济模式下，资产所有者以网络共享应用为平台，通过共享自己未被充分利用的东西赚钱，而消费者从其他个人手里租用产品和服务，非直接与商业公司交易。Airbnb 是这种经济模式的典范和先驱，在过去 5 年里，100 多家此类公司纷纷涌现，为数十种实体资产的所有者提供数目不大但却持续不断的收入，这种共享观念为那些从前被认为没有获利可能的闲置资产创造了新市场。例如，通过车位租赁网站 Parking Panda，一户人家私人车道上几乎米的空间就能为户主带来收入；通过宠物寄养平台 DogVacay，普通住宅里适合养狗的一个小房间就能成为寄养宠物的乐园；通过自行车租赁网站 Liquid，家中闲置的自行车可以让游览城镇的外地旅客以每天 20 美元的低廉费用四处骑行。

"以各种方式提供这些服务的人，都可以认为是创业者或者小型创业者，"Airbnb 联合创始人布莱恩·切斯基表示，"他们更加独立，更加自由，在经济上拥有更大的自主权。"

　　2013 年，Airbnb 公司实现了约 2.5 亿美元的营收额，其中一大部分来自网站交易的佣金。仅 Airbnb 一家网站，就帮助在线提供服务的用户赚得数十亿美元。一项研究数据表明，该公司当年仅在纽约市就创造了 6.5 亿美元的经济交易额。这为美国不景气的劳动市场注入了新活力，同时也形成了一股具有颠覆性的经济力量。

　　然而，这种经济模式并不是只在东西海岸潮人聚集区盛行的新鲜事物。切斯基迅速在地图上指出一个点，这是位于美国本土中心地带的伊利诺伊州皮奥里亚县（Peoria），该县有三名用户愿意以低至每晚 40 美元的价格在 Airbnb 网站上出租他们的房屋。

疯狂的想法，有效的模式

　　现代共享经济模式的起源可以追溯到 2008 年的旧金山。当时，刚刚从美国东北部的罗德岛设计学院（Rhode Island School of Design）毕业的切斯基和乔·吉比亚（Joe Gebbia）来到西部闯荡。为了赚点零花钱，他们在自己的公寓里铺上气垫床，为一次工业设计会议的参会者提供住处。为此，他们建立了一个名为 Airbedandbreakfast.com 的网站来推销自己的留宿服务，那个星期有三人入住。此后，两人决定使用信用卡，打造一个更大、拥有更多房源的网站。"我们根本没有意识到，自己投身到了一种新型经济模式中，"切斯基说，"我们只是想挣点钱而已。之后，我们发现这种服务大有市场。"

　　为了增强技术实力，两位设计师拉拢了吉比亚以前的室友内森·布莱卡斯亚克（Nathan Blecharczyk）。三人将网站更名为 Airbnb，起初着眼于大型活动的住宿招待，因为那时酒店往往都客满了，例如，2008 年的美国民主党和共和党大会期间。2009 年，他们加入了硅谷热门创业孵化项目 YC 创业营（Y Combinator）[①]，但当时该项目的联合创始人保罗·格雷厄姆（Paul Graham）对 Airbnb 的运营模式仍然存疑。不过，美国民主党

[①] 关于 YC 创业营的更多故事请参阅《YC 创业营》，该书中文简体字版已由湛庐文化策划，浙江人民出版社出版。——编者注

和共和党大会期间，Airbnb 的三位合伙人发明了奥巴马奥氏（Obama O's）和船长麦凯恩氏（Cap'n McCain's）谷物早餐，他们先是把这些谷物早餐赠送给知名博客作者用作宣传，然后以每盒 40 美元的价格出售该纪念品以资助公司运转，这种具有政治趣味的新奇商业策略给格雷厄姆留下了深刻印象。"我们曾对 Airbnb 的经营理念存有疑虑，但对这几位创始人却颇有好感。"格雷厄姆说。后来，切斯基及其团队赢得了红杉资本的资助，获得了 60 万美元的种子基金。

然而，Airbnb 起步缓慢，面临着所有新兴产业都存在的群聚效应问题——买家想要更多卖家，卖家也需要更多买家。当时很多人也很难接受"共享"这个概念。不少人向切斯基表示，把房子租给陌生人是一件"奇怪的事情"，是一个"疯狂的想法"。为了吸引更多的出租人，2009 年，几位创始人到纽约与当地用户进行面对面交流，并了解如何改进网站，而传统互联网公司的行为模式恰恰相反。

整整一个世纪，报纸充当着各种资产交易的媒介。随着互联网科技的发展，Airbnb 及其业内同行们才得以把握机遇，呈指数级迅速发展和扩张。购物网站易趣推出的租赁服务为个人服务提供者赋予了商业信誉，这种商业模式也被广泛复制；Facebook 出现后，用户还可以在承租业务前查看出租人的个人资料，从而提高了商业信任度；而智能手机上的应用程序，能够让共享者随时随地进行交易，比如查看附近可分享的服务，并且能够现场完成支付。

Airbnb 采取一种经纪人式的盈利模式，该公司提供市场以及用户支持、支付处理和价值 100 万美元的出租人保险等服务，借此向出租人收取 3% 的佣金，向承租人收取 6%~12% 的佣金，具体费用取决于房产价格。

YOU
ONLY HAVE
TO BE RIGHT
ONCE
数说创业

Airbnb 公司 2009 年的预订量是 10 万人次。随后，网站增加了第三方支付、专业摄影服务、允许各种类型的空间（如整栋房屋、私人车道甚至城堡和树屋）出租等新型服务功能，用户增长率飙升。到了 2010 年，Airbnb 开始风靡全球，服务预订量达到了 75 万人次；2011 年，Airbnb 实现了 200 万人次的服务预订总量；2012 年，这个数字又攀升到 1 500 万人次，群聚效应显然已经出现了。在 2012 年新年前夕，全世界有 14.1 万人住在通过 Airbnb 完成交易的住处里。如果按酒店单人客房计算，比拉斯维加斯大道上所有酒店客满还要多出一半。

当然，比起每年客人住宿天数超过 10 亿天的美国酒店业，这个数字仍然微不足道。但是，如果把 Airbnb 网站上的 60 万个房源以及度假屋出租网站 HomeAway 等同类网站的房源全部加起来，那么房屋共享模式下的房间数量将超过全世界所有希尔顿品牌拥有的酒店房间的总和。韦德布什证券公司（Wedbush Securities）分析师迈克尔·帕赫特（Michael Pachter）认为，Airbnb 网站交易的出租房屋住宿天数最终将达到每年 1 亿天。

切斯基及其团队拥有足够的"战备基金"去追逐这个目标。2011 年，Airbnb 从红杉资本（Sequoia）、格雷洛克风投公司（Greylock）、安德森·霍洛维茨基金（Andreessen Horowitz）等风投公司那里获得了 1.12 亿美元的融资，公司估值达到 13 亿美元。"Airbnb 潜力无限，"红杉资本合伙人格雷格·麦卡杜（Greg McAdoo）表示，"20 年后，我们将无法想象一个不能通过协同消费来使用物品和服务的世界。"

2014 年，Airbnb 迎来了价值 4 亿美元的新一轮融资，这使得公司估值达到 100 亿美元，而三位创始人切斯基、吉比亚和布莱卡斯亚克持有股份的账面价值飙升，让他们也跻身于亿万富豪俱乐部。不过，Airbnb 公司暂时还没有实现盈利。

创造全新价值，还是取代原有业务

Airbnb 拥有善于把握时机、行动迅速的创始人，但它同样受益于过去 5 年来消费者对所有权态度的巨大转变，这种转变或许是 2008 年金融危机留下来的最宝贵遗产。这次金融危机带来的教训是极为根本和深刻的，1 650 万套因为还不起贷款而被银行没收的房产可以证明，过度举债购买房产的做法并不明智，作为美国梦基础的"财产所有权"观念遭到了猛烈冲击。"人们的观念开始改变，尤其是年轻一代，"美国房地产经纪人协会（National Association of Realtors）战略规划主任香农·金（Shannon King）表示，"他们不喜欢被房子束缚，他们更愿意拥有灵活的生活方式，可以随时搬到不同的地方居住。"

这种新兴生活观念不仅仅体现在人们对房子的态度上，就拿汽车来说，以往高中生一毕业就会考虑买辆车，载着朋友和恋人去兜风。如今，这种传统逐渐褪色了。汽车销售和资讯服务网站 Edmunds.com 的数据显示，18~34 岁的美国人购买新车的比例已经从 2007 年的 16% 降至 2012 年的 12%。

在美国占据优势经济地位的"千禧一代"①的文化中，已经渗透了借用、租赁和共享的精神。他们不买报纸，而是在 Facebook 和 Twitter 上匆匆浏览和传播新闻资讯；他们不买 DVD 播放器，而是观看流媒体视频；他们

---

① 指 1984—1995 年出生的、消费能力较强的一代人。——译者注

不买 CD，而是通过 Spotify 或潘多拉之类的服务订阅音乐甚至听盗版音乐。23 岁的萨布丽娜·赫尔南德斯（Sabrina Hernandez）曾在星巴克工作，2014 年秋，她通过宠物寄养平台 DogVacay 在自己的公寓里替陌生人照顾宠物狗，平均每月挣 1 200 美元。此后，她就没有再回到星巴克工作了。"这比当服务员挣得更多。"她说。

旧产业正在艰难地适应新形势。到目前为止，虽然酒店业鼓动监管机构从征收居住税到各项保险，再到公寓规章制度等方面对 Airbnb 设障，但是，共享经济为一些传统行业的困境提出了解决方案。以汽车产业发生转变为例，租车服务公司安飞士（Avis）收购了同行 Zipcar；戴姆勒股份公司（Daimler）按分钟收费出租奔驰 Smart Fortwo 汽车的服务应用 car2go 正在急剧扩张；而通用汽车公司对汽车共享服务网站 RelayRides 注入了 300 万美元的新一轮融资。他们为什么这么做呢？答案是为了促进市场营销。通用汽车公司寄希望于那些共享过旗下雪佛兰汽车的人最终会考虑购买一辆汽车，另外还可以通过推广"买辆新车出租搞创收"这种理念来刺激消费。现在，RelayRides 的苹果手机应用与通用汽车公司的安吉星（OnStar）信息服务系统实现了同步，这意味着你可以通过 RelayRides 手机打开你的通用汽车车门。

对于如何评判共享经济模式，经济学界仍无定论。"我们将不得不创造新的经济学理论来分析共享经济带来的影响。"纽约大学斯特恩商学院（Stern School of Business）研究该现象的阿伦·孙达拉拉詹（Arun Sundararajan）教授表示。对于经济学家们来说，最大的问题在于，这种模式到底是创造了全新的价值，还是仅仅取代了原有的业务。

答案肯定是二者皆有。**这种模式是典型的颠覆性创新，它可能会对经**

济造成短期不利影响——大家只租不买，但共享会产生长期经济效益，最终会对所有人都有利。去年，Airbnb 委托调查机构研究其对旧金山的经济影响，结果发现了一种"溢出效应"：由于 Airbnb 的租金通常低于酒店费用，因此租客们在旧金山逗留的时间更长，平均每人花费 1 100 美元，高于酒店旅客平均 840 美元的花费。14% 的 Airbnb 租客表示，如果没有 Airbnb，他们根本不会来旧金山游玩。

"有效地利用资产会导致工作岗位减少？这种现象在经济学中从来就不存在，"美国信息技术与创新基金会（Information Technology & Innovation Foundation）主席罗伯特·阿特金斯（Robert Atkinson）说道，"如果我是酒店从业者，我不会因为担心失业而失眠。"

或许，把商业社会主体简单划分为个人和公司两部分太过武断。而不少批评者把 Airbnb 这类网站蔑称为经济不景气时期的一时风潮。但 Airbnb 的调查发现，42% 的出租人用挣来的租金支付日常生活费用。不过，安全性、价格体系、客户服务和产品质量仍然是这些网站亟待提高的地方。

货币出现之前，人类的交易行为就已经存在。新技术的出现，只是为人类自古以来的交易本能提供便利罢了。即使经济持续稳步发展，也不能改变这样一个事实：Airbnb 这种个人对个人的交易模式，只是创业者与客户建立联系的另一种手段而已。

YOU ONLY HAVE TO BE RIGHT ONCE

THE UNPRECEDENTED RISE OF THE INSTANT TECH BILLIONAIRES

02

如何在没有营收的情况下吸引投资

凯文·斯特罗姆与Instagram

在如今这个时代，10 亿美元意味着什么呢？如果 14 名 20 多岁的年轻人，也就是 Instagram 的全部员工，在位于旧金山 SoMa 地区的公司总部疯狂地编写代码，那么需要多长时间才能赚到 10 亿美元呢？在 Instagram，从创意诞生到产品成型，一共花了 22 个月。什么样的财务指标等价于 10 亿美元呢？对于 Instagram 来说，什么也没有。没有营收，也没有任何营收模式。这种现象导致很多人认为，Facebook 在 2012 年花 10 亿美元收购 Instagram 简直就是血本无归。然而，事实上，这已经成为互联网时代最伟大的交易之一 ——截至 2014 年，该公司估值达到 100 亿美元。Instagram 快捷便利的手机应用让 2 亿名活跃用户每天轻松分享 6 000 万张照片。

当《福布斯》杂志记者史蒂文·贝尔托尼（Steven Bertoni）与时年 30 岁的 Instagram 创始人凯文·斯特罗姆（Kevin Systrom）一起坐下来，第一次深入谈论他的生平故事时，Instagram 的前途一片渺茫。当时 Facebook 已经签署收购协议，但斯特罗姆还没有收到支票，Facebook 公司的法人代表也不见踪影。斯特罗姆本人也非常迷惘。他知道自己即将变得十分富有，但当下的生活仍然紧巴巴的。或许除了经济方面，几乎没有发生其他任何改变：斯特罗姆仍然是这家公司的掌舵人——Instagram 仍然独立运营，没有加入 Facebook 公司位于加利福尼亚州门罗公园（Menlo Park）的总部。斯特罗姆小小的程序员团队亟待扩张，他还期待着 Instagram 成为世界之眼呢！

02

如何在没有营收的情况下吸引投资
凯文·斯特罗姆与 Instagram

20 06 年春天的帕洛阿尔托（Palo Alto），凯文·斯特罗姆正在威尼斯公爵咖啡店（Caffé del Doge）一台"嘶嘶"作响的浓缩咖啡机后面忙活的时候，Facebook 创始人马克·扎克伯格带着一丝惊讶的表情走向前台。去年夏天，扎克伯格特意把斯特罗姆请到大学路上的 Zao Noodle Bar 餐厅，力劝这位斯坦福大学的大四在校生辍学加入自己初创的社交网站"The Facebook"，帮忙开发图片服务软件。斯特罗姆拒绝了扎克伯格。如今，简化掉"The"的 Facebook 公司市值已达 5 亿美元，并且朝着这个数字 300 倍以上的估值方向发展，公司的名字还登上了各大新闻的头条。而此时，斯特罗姆仍在咖啡店认真地做卡布奇诺咖啡。

"我那时的反应是：'不，我不想干这个'，然后我就去咖啡店打工了。"时年 28 岁的斯特罗姆告诉我。当时我们在旧金山 SoMa 地区酷似仓库风格的 Sightglass 咖啡店，喝着 4.5 美元一杯的手工制作咖啡。他当时选择留在斯坦福大学完成学业，因而拒绝了必将带来数千万美元收益的 Facebook 职位。"对我来说，为一家初创公司工作并不是一件靠谱的事，那也是我决定读完大学的原因。相比之下，完成学业更为重要，"斯特罗姆耸耸肩，"现在回想起来，那确实是个不错的机遇，但走到如今这一步，感觉也挺奇妙的。"

是的，斯特罗姆曾经拒绝的地方如今又成了他的归宿——那就是 Facebook。不过多亏了他在斯坦福大学的经历，如今的斯特罗姆成就了自己的事业——他开发出了热门图片分享网站 Instagram，该网站于 2012 年被扎克伯格收购，如今市值已经超过 10 亿美元。此次收购令斯特罗姆持有的约 40% 的股份升值到 4 亿美元，鉴于他这家初创公司尚未实现任何营收，也没有营收模式，这个数额还是相当惊人的。仅成立 22 个月的 Instagram，如今仍由最初的 14 名员工组成。

斯特罗姆的 Instagram 能够吸引大量人气，而这正是 Facebook 在风头渐缓后急需的东西。如今，Instagram 移动平台已经吸引了大约 8 500 万名用户，超过 40 亿张照片在这里得到分享，平均每 6 秒就有 6 名新用户加入其中。

"这是我生平见到的第一个真正从移动领域起家的互联网产品，"Facebook 前任产品副总裁、Instagram 的投资公司标杆资本（Benchmark Capital）现任普通合伙人马特·科勒（Matt Cohler）说道，"要让产品形成规模效应，用户网络及其背后的基础架构必须在任何情况下都能够表现出色。这么小的团队完成了这些任务，这在技术史上简直是独一无二的壮举。"

如今，网络巨头们都想把他们的产品转变为移动应用，整个过程就像把一个鼓囊囊的大箱子硬塞到飞机的行李架上。然而，Instagram 的照片网络从一开始就是"空中达人"：快速、有型并且优雅。只需点击页面上几个简单的图标，你就能使用 Instagram 拍摄、编辑（还有很棒的滤镜可供选择）照片，并且与全世界分享。只需几个按钮，你还能体验和 Facebook 差不多的功能，包括评论和点赞。"你可以把 Facebook 看成是拥有很多东西的大杂烩，但比起其他任何东西，人们更喜欢看图片，" Facebook 前任首席技术官、问答网站 Quora 创始人，以及 Instagram 的早期投资者亚当·德安杰洛（Adam D'Angelo）说道，"因此，**如果你专注于照片，并把这项业务做精，那要比提供一系列多而不精的产品服务，效果要好得多。**"

斯特罗姆很早就证明了，**在数字经济时代，伟大的创意能够在数月之内转化为价值数十亿美元的公司。**但这些被外人看作意外之财或灵光乍现的机遇，绝不是偶然出现的。对斯特罗姆来说，他的好运可以直接追溯到在斯坦福大学读书的时代。

这所位于硅谷旁边的大学，让斯特罗姆第一次接触到技术和风投的世界，第一次得到在初创公司实习的机会，以及第一份在谷歌的工作。通过斯坦福大学的海外留学计划，斯特罗姆发现了自己对复古摄影的爱好；在斯坦福大学的兄弟会派对上，他结识了扎克伯格及其年轻的 Facebook 团队。当斯特罗姆寻找一位联合创始人以创建后来转型为 Instagram 的公司时，也是斯坦福大学的人脉帮他与搭档搭桥牵线。"有人说上大学没用，交那么多学费根本不值，我不同意这一点，"斯特罗姆说，"我认为，大学的经历和那些课程在当时可能觉得没什么用处，但后来总会时不时地给你带来回报。"

一直在创造，一直在试验

斯特罗姆是个身高 1.98 米的瘦高个儿。早在上大学之前，他就痴迷于科技。斯特罗姆成长在马萨诸塞州波士顿郊区的霍利斯顿市（Holliston）。12 岁时，他就在美国在线网站（AOL）上捉弄自己的朋友，用软件操控别人的鼠标或者把人踢下线，这种恶作剧的方式还曾导致家里的 AOL 账号被封。他很早就开始申请斯坦福大学的计算机科学专业。虽然如愿入学，但在大一学习一门高级编程课后，他发现自己有点力不从心，于是每周花 40 个小时钻研这门课程，结果却只勉强得到 B 的成绩。"尽管我喜欢这个专业，但却开始怀疑自己可能并不适合做计算机科学家，"斯特罗姆说，于是，他选择了管理科学和工程专业，"它主要教你如何做一名投资银行家。"

由于一直对创业和创业公司感兴趣①，斯特罗姆的业余时间都用来开发网站。他曾创建了"斯坦福大学版"的 Craigslist 分类广告网站，还有一个自己命名为 Photobox 的网站，仅供他所在的 Sigma Nu 兄弟会成员发布派对照片。

大三时，斯特罗姆远赴意大利佛罗伦萨学习摄影。他带着自己那台功能强大的单反相机前往意大利，结果摄影老师却把它换成了一台漏光大师 Holga。这种廉价的塑料相机利用柔焦和光学畸变拍摄出一种具有复古风格的奇异方形照片。斯特罗姆爱上了这种风格。"它让我懂得了复古摄影的美，还有不完美带来的美感。"这也是斯特罗姆成长中的"史蒂夫·乔布斯时刻"——那一束如同黑暗中微光的艺术灵感将在未来与技术完美结合，它将为 Instagram 助力，以超越其他竞争对手。

斯特罗姆在佛罗伦萨申请了斯坦福大学的精英计划——梅菲尔德研究项目（Mayfield Fellows Program），这是一个半工半读的研讨班，向全世界的初创公司派出 12 名学生，让他们与创业家和风投导师搭档合作。"它

---

① 斯特罗姆的母亲是招聘网站 Monster.com 的早期员工，后来又到租车网站 Zipcar 工作。——译者注

教你如何募集资金，如何完成交易，如何产生创意以及雇用人才。那就是一个商学院创业速成班。"斯特罗姆说。项目主任蒂娜·齐莉格（Tina Seelig）称，斯特罗姆的表现让他脱颖而出，他是一位颇具潜质的企业家。**"他一直在创造，一直在试验。他本能地观察周围的世界，并且不断探索'这其中蕴含的机遇究竟在哪里？'"**

通过梅菲尔德研究项目，斯特罗姆在埃文·威廉姆斯（Evan Williams）创建的播客公司 Odeo 获得了一份暑期实习工作，这家公司后来孕育了 Twitter。Odeo 公司让斯特罗姆第一次体验到令人亢奋的创业公司氛围，并让他认识到敏捷、灵活的思维方式关乎公司的生死存亡。在实习期间，斯特罗姆与一位名叫杰克·多西（Jack Dorsey）[①]的年轻工程师一起开发了很多应用程序。不久，多西就创建了 Twitter 和移动支付公司 Square。两人关系密切：作为办公室里的两名肉食爱好者，他们经常一起出去吃三明治。后来，多西又在自己粉丝众多的 Twitter 账号上发布滤镜照片，帮助 Instagram 做推广，从而促进了 Instagram 的迅速发展。

大四时，在斯坦福大学就业服务机构的帮助下，斯特罗姆放弃了年薪数十万美元的微软项目经理职位，留在谷歌公司市场部工作，年薪只有 6 万美元。谷歌是近些年来毕业生的梦想之地，它有令人垂涎的生蚝午餐、远赴巴西的团队建设活动，但斯特罗姆在为 Gmail 和谷歌日历撰写市场营销方案的过程中渐生倦意。他想转到产品研发部门，却因为没有计算机科学专业的背景惨遭拒绝。于是，他转到了企业发展部，工作内容是为谷歌打算收购的公司建立贴现现金流模型，从而亲历了大型技术合同签署的全过程。

---

① 关于杰克·多西与 Twitter 的更多故事，请参阅《孵化 Twitter》，该书中文简体字版已由湛庐文化策划，浙江人民出版社出版。——编者注

斯特罗姆十分渴望重温在 Odeo 公司实习时体验过的创业公司氛围，因此跳槽到社交旅游指南网站 Nextstop，在这里他摇身一变，成了一名典型的硅谷程序员，负责开发推荐用户关注和创建 Facebook 图片游戏的电邮营销程序。"突然间，我掌握了一项可以付诸实践的新技术，"斯特罗姆说，"当你拥有一项创意时，你就能够实现它。"

斯特罗姆很快就找到了自己想要实现的创意：他想分别借鉴当时最热门的地理位置分享网站 Foursquare 和社交游戏网站星佳公司（Zynga）的特质，并且融入自己长久以来的爱好，创建一个能够将照片与地理位置签到和社交游戏相结合的网站。他用自己最喜欢的酒的名字将这个网站命名为 Burbn（波旁酒），在 Madrone 艺术酒吧的一次风投见面会上，斯特罗姆谈起了自己的创意，引起了基线创投（Baseline Ventures）投资人史蒂夫·安德森（Steve Anderson）的注意。安德森称，他喜欢斯特罗姆既谦虚又自信的态度，而且斯特罗姆的网站将会使用当时最受瞩目的 HTML5 代码来编写。2010 年冬，史蒂夫·安德森和风投公司安德森·霍洛维茨基金分别提供了 25 万美元的资金，以资助斯特罗姆创建公司，但有一个附加条件：斯特罗姆需要有一位联合创始人。

艺术灵感与技术的完美结合

尽管已经毕业很久了，斯坦福大学仍然为斯特罗姆提供了不少门路。他在旧金山的一居室公寓里创建了 Burbn，为了能够见见其他人，他经常在咖啡馆里修改产品原型。在那里，他有时会遇到校友迈克·克里格（Mike Krieger）。克里格是巴西人，比斯特罗姆低两届，克里格也参加过梅菲尔德研究项目，那时在开发自己的应用程序。克里格在大学主修符号系统学①，当时在聊天网站米宝（Meebo）工作。一次偶然的机会，斯特罗姆让克里格下载了自己最新开发的签到应用。"对于基于地理位置的应用我本来没什么兴趣，但 Burbn 是我喜欢的第一款此类应用。"克里格说，他特别指出 Burbn 最吸引自己的功能就是可以浏览好友们精彩的生活照片。

一个月后，斯特罗姆邀请克里格共进早餐，并说服他辞掉米宝的工作，加入 Burbn 担任联合创始人。克里格回复说："我很感兴趣，但具体事宜我们还需要详谈。"于是，两人开始利用下班和周末时间合作开发一些小程序。经过几个星期的相处和了解，克里格终于被斯特罗姆说服了。他辞去了米宝的工作，并花了三个月的时间申请到美国的工作签证。

不过，就在克里格正式开始上班的第一天，斯特罗姆却宣称 Burbn 可能撑不下去了，因为签到网站 Foursquare 的影响力太大了。他们不得不创建一个全新的东西，于是他们决定将 Burbn 转型为一项专注于照片发布的移动应用服务。"当时苹果手机刚刚问世，人们创造了一些非常酷的东西，而且出现了新的行为方式，"斯特罗姆说，"那是一个开创新型服务的机遇，我们要开发一种基于掌上电脑而不是台式电脑的社交网络。"

在两周的时间里，斯特罗姆和克里格这两位联合创始人在旧金山 AT&T 公园附近的多帕奇实验室（Dogpatch Labs）潜心钻研，开发出了一款他们称为"代号"（Codename）的照片应用。克里格负责研发可以安装在苹果系统上的软件，而斯特罗姆负责编写后端程序。这款应用的原型是具有社交和评论功能的苹果手机相机应用。他俩对创造出来的应用都不怎么兴奋，反而有一种挫败感，斯特罗姆觉得自己需要停下来喘口气了。

---

① 这门学科是斯坦福大学将技术和心理学融合的产物，职业社交网站 LinkedIn 创始人雷德·霍夫曼（Reid Hoffman）和雅虎 CEO 玛丽莎·梅耶尔（Marissa Mayer）都修过该专业。——译者注

斯特罗姆在墨西哥加利福尼亚半岛（Baja California）的艺术家庄园租了一间便宜的房子，在那里休假一周。在沙滩散步时，他的女朋友妮科尔·许茨（Nicole Schuetz）提到，他们的一位好友在某个应用软件上发布的一张照片，风格令人十分难忘，不知道他是怎么拍摄的。斯特罗姆回答说，用了滤镜。突然，他回想起自己在佛罗伦萨用漏光大师拍照的经历。接下来的半天时间里，他躺在吊床上，旁边放着一瓶墨西哥莫德罗（Modelo）冰镇啤酒，在笔记本电脑上研究和设计第一款 Instagram 滤镜，也就是后来的 X-Pro II。

回到旧金山后，他们很快就推出了新滤镜。其中，"Hefe"以斯特罗姆在设计这款软件时喝的小麦啤酒命名，"Toaster"以掘客（Digg）网站创始人凯文·罗斯（Kevin Rose）养的拉布拉多贵宾犬命名。他们将这款产品更名为 Instagram，并将新应用程序推荐给了自己的朋友们——其中很多是在互联网科技行业颇具影响力的人物，例如 Twitter 的创始人多西。朋友们开始把使用滤镜处理过的照片发布到社交网络上。Instagram 声名鹊起。

成功法则 YOU ONLY HAVE TO BE RIGHT ONCE

Instagram 能够让低像素的手机拍摄出一种具有浪漫怀旧气息的照片。在触屏手机上轻轻点击，一场平淡无奇的日落变成了具有热带风情的明信片；一辆旧自行车牵动了人们的思乡情怀；就连吃了一半的汉堡也承载了深刻的寓意。"想一想：如果 Twitter 或 Tumblr 上也有这种有趣的按钮，那会是怎样的情景？"斯特罗姆说，"以前的大多数照片应用要求太多，用户需要自己拍照、处理和上传。而 Instagram 告诉用户，让我们给你的照片加上一点神秘配方吧！"

掌握了秘密武器，斯特罗姆和克里格于 2010 年 10 月 6 日午夜，在苹果应用商店推出了 Instagram。用户人数激增，两人赶紧跑到多帕奇实验室维护服务器的稳定性，以防止流量过大导致网站瘫痪。到了次日早上 6 时，Bits Blog 和 TechCrunch 等媒体网站发布了这款新应用的产品介绍。服务器因为访问量太大、温度过高，都快要熔化了。斯特罗姆和克里格 24 小时都在工作，以确保该应用程序正常运行——在此期间，约有 25 000 名苹果手机用户下载了这款免费软件。

"从那一天起，我们的生活彻底改变了。"斯特罗姆说。他们拜访了 Quora 网站创始人亚当·德安杰洛，斯特罗姆是在斯坦福大学兄弟会派对上和扎克伯格一起认识他的。德安杰洛帮忙把 Instagram 服务器托管到亚马逊网站上，并扩展了这个平台。一个月后，Instagram 就拥有了 100 万名用户。没过多久，斯特罗姆就坐在苹果公司主题演讲大会的第 4 排，看着苹果时任 CEO 史蒂夫·乔布斯在观众面前盛赞 Instagram 了。他们成功地将 Instagram 带到了互联网技术领域最大的舞台上。但是，随着用户数量呈百万级增加，保持 Instagram 服务器稳定运行仍然是一项重大挑战。

利用 Facebook 的资源做大 Instagram

当斯特罗姆、克里格、两名早期员工乔希·里德尔（Josh Riedel）和沙耶内·斯维尼（Shayne Sweeney）在一家名为"传统"（Tradition）的酒吧聚会时，人们很容易忘记这几位穿着牛仔裤和休闲衬衫的、20 多岁的年轻人运营着价值数十亿美元的技术公司。但当克里格发现，他拍摄的一张酒吧菜单照片连一个"赞"都没有时（他有 177 000 名粉丝，一般都是秒回、秒赞），他意识到服务器可能出了问题。一台苹果笔记本电脑、一个无线网络设备和几部苹果手机立即出现在摆满威士忌酒杯的桌子上。

克里格在笔记本电脑上检查源代码，而其他人则通过 Facebook 聊天工具与 Instagram 的工程师们交流。他们很快发现了漏洞，并立即着手进行修复。几分钟后，问题解决，设备全部被收走，他们又点了新一轮的酒。"这是我们的孩子，"斯特罗姆说，"它常常会令我们熬夜到很晚，一大早把我们叫醒。"公司规定，**工程师必须随身携带笔记本电脑。在生日派对、约会之夜和婚宴酒席上，工程师们能够随时亮出电脑。**有一次，克里格正在一家农场餐厅吃饭，Instagram 系统突然崩溃了。他发疯似的到处寻找无线网络，最后总算在一个养鸡场找到了能上网的地方。

2012 年 9 月，当 Instagram 被 Facebook 收购后，服务器故障问题得到彻底解决。Instagram 不断扩大的团队可以加入到扎克伯格建立的庞大网络架构中。斯特罗姆表示，收购协议是在他 4 月从英国度假回来后的疯狂的一周内签订的。在那个星期三，Instagram 在第二轮融资中筹集到了5 000 万美元，参与投资的风投公司包括格雷洛克风投公司、红杉资本和兴盛资本风投公司（Thrive Capital），这使得公司估值达到 5 亿美元。到了星期六，扎克伯格邀请斯特罗姆到他位于帕洛阿尔托的家中。这一次，斯特罗姆接受了扎克伯格的收购要约。而到了星期一，这笔价值 10 亿美元的交易（其中包括 3 亿美元的现金）成交了。

Facebook 收购 Instagram 这家当时还没有开始盈利的公司，让很多媒体人大呼："网络泡沫时代来临！"与此同时，一些业内人士窃窃私语："这笔买卖划算！""Instagram 的价值远远超过这个数目。我认为 Facebook 捡了一个大便宜，"Quora 网站创始人德安杰洛说，"对于 Facebook 来说，如果别的公司买下 Instagram 或者 Instagram 自我演变成社交网络，

如何在没有营收的情况下吸引投资
凯文·斯特罗姆与 Instagram

这将是一件很可怕的事情。事实上，几乎人人都在用 Instagram 分享照片，你不可能让他们都转移到别的产品上去。它的社交网络已经形成，现在另起炉灶为时已晚。"

随着时间的推移，如今看来 Facebook 确实捡了一个大便宜。Instagram 目前拥有 2 亿名活跃用户，对于扎克伯格来说，这也是 Facebook 打入移动市场最划算的方式。事实上，据硅谷相关人士推断，基于 Facebook 以往的收购案例，比如，30 亿美元收购的快照软件 Snapchat 遭遇惨败，190 亿美元收购的聊天软件 WhatsApp 和 20 亿美元收购的虚拟现实设备 Oculus VR 大获成功，到了 2014 年，独立发展的 Instagram 也可能达到 10 亿美元的市值。不过这一点，我们谁也说不准。[①]

可以确定的是，斯特罗姆现在不仅十分富有，而且仍然掌控着自己联合创立的公司。扎克伯格收购的其他公司都很快被消化、吸收到了 Facebook 中，但与此不同的是，扎克伯格公开保证会让斯特罗姆独立运营 Instagram。如今，斯特罗姆和克里格能够利用 Facebook 的资源去做大、做强 Instagram，使之向着盈利的方向前行。他们的目标是：将 Instagram 从一个分享小狗和比萨照片的照片应用程序，转变成一家通过照片进行交流的媒体公司。

"想象一下未来每一个拥有手机的人，都能够通过图片和其他媒体形式互相传递全球正在发生的事情，这该是多么强大的力量。"斯特罗姆说。在最好的情况下，Instagram 将成为一个面向世界的、口袋大小的窗口，展示全球正在发生的事情，比如，叙利亚街头的抗议活动和超级碗（Super Bowl）赛场的花絮。"我认为，斯特罗姆和克里格遇到了有可能成为发明

---

① 截至 2015 年 3 月，Instagram 市值约为 370 亿美元。——编者注

家爱迪生那样的机会，"兴盛资本风投公司投资人约书亚·库什纳（Joshua Kushner）说，"在未来的某个时刻，你们在 Instagram 上可以看到世界各地实时发生的事情，这是改变世界的壮举。"

接下来，就是关于营收的问题。Facebook 没有插手 Instagram 的营收模式，但 Instagram 已经赢得了不少大公司市场推广的关注，如喜力啤酒、奔驰汽车、奥利奥饼干和奢侈品牌阿玛尼。斯特罗姆 2012 年就预见到这种情况了："我认为视觉表达更受广告商欢迎。如果你关注巴宝莉（Burberry）或香蕉共和国（Banana Republic）等品牌，你会发现它们的 Instagram 图片实际上就是广告，而且是非常美观的广告。现在，我们正专注于发展，但并非从广告商身上榨取利润。"

斯特罗姆对金钱淡漠，他现在仍然住在一居室的公寓里，享受着简朴的生活。有一天晚上，他和 Instagram 团队一起去旧金山要塞（Presidio）的军队保龄球馆为其中一名员工庆祝生日。4 名员工和他一起挤进他在谷歌工作时购买的那辆黑色宝马 2002 二手车里。这辆车的 GPS 导航系统坏了，在经过金门大桥时还差点走错了方向。"我觉得，**不一心想着赚钱，才能让你保持理智，因为从长远来看，总想着赚钱可能会令你变得疯狂。**"这位身价 4 亿美元的富豪说。

YOU ONLY HAVE TO BE RIGHT ONCE

THE UNPRECEDENTED RISE OF THE INSTANT TECH BILLIONAIRES

03

如何借助开源与众筹的力量

帕尔默 · 拉奇与Oculus VR

2014 年 1 月，《福布斯》杂志一年一度的"30 位 30 岁以下创业者"榜单出炉，年仅 21 岁、来自视频游戏界的帕尔默·拉奇（Palmer Luckey）赫然其中，不少读者对这位年轻人嗤之以鼻。拉奇刚到能够饮酒的年龄，他拥有一家还没有实现营收的公司和一个甚至没有成型的商业产品——只有一个产品原型，名字很古怪，叫作"虚拟现实眼镜"（Oculus Rift）。然而，不到三个月后，没有人会嘲笑拉奇了。Facebook 创始人马克·扎克伯格一次性支付了 20 亿美元的现金和股票，买下了 Oculus VR——换句话说，拉奇发明的虚拟现实头戴设备加入了 Facebook 大家庭。然而，令拉奇取得如此革新性成就的关键不在于他的年龄，甚至也不是这种虚拟现实眼镜所具备的、能够改变我们看待世界方式的巨大潜力。事实上，正如《福布斯》杂志记者戴维·埃瓦尔特（David M. Ewalt）在报道中巧妙展示的那样，是因为拉奇能够通过优化其他人的工作成果，不花一分钱也能创造出令人惊叹的价值，随后，他又通过另外一群人来完成融资，却不用给予这些人任何股东权益。这一切，标志着开放源代码式的创业时代已经开启。

空间站"塞瓦斯托波尔"（Sevastopol）的货舱里一片漆黑，似乎有东西潜藏在此，令人毛骨悚然。我走在一堆板条箱中间，不由得停下来向四周张望。一阵动静让我的心"咯噔"一下，我告诉自己那只不过是滴水声，我不该感到害怕，因为这只是一个视频游戏——根据惊悚电影《异形：隔离》（*Alien: Isolation*）开发的同名游戏演示版。不过我头戴"虚拟现实眼镜"，这让一切变得栩栩如生。我的视野里充满了游戏场景，当我环顾四周时，全世界跟随我一起转动。这种感觉十分逼真，仿佛自己正在真实的空间站内游走，并且被跟踪电影主人公西格妮·韦弗（Sigourney Weaver）的异形跟踪。这种感觉还是挺吓人的。

接着又是一声响动，我扭头去看，只见走廊尽头一扇重重的防爆门被拉开。门后蜷缩着一个周身发出黑色光泽的、人形大小两足的异形，我一下子惊呆了，只见它站起身，一步步向我逼近，然后猛然抓住我，张开滴着涎水的嘴巴，朝着我的脸咬过来。

我不由自主地发出惊恐的尖叫声。从我身后传来"吃吃"的笑声——这次是在现实世界里，"虚拟现实眼镜"的发明者，21 岁的帕尔默·拉奇一直在背后偷偷地看我玩游戏。"被异形吃掉了？"他哈哈大笑，"你才玩了这么一小会儿呢。"拉奇从小就想开发出这种游戏，不过那也不是很久之前。16岁时，他开始设计虚拟现实头戴设备，19岁成立了自己的公司 Oculus VR。现在，拉奇终于到了能够合法饮酒的年龄，他把自己的公司以 20 亿美元的价格卖给了 Facebook，尽管 Oculus VR 几乎没有创造任何营收，甚至还没有推出一款商业化产品。但是，扎克伯格一次性付清了这笔钱，他就像那只吞噬了我的异形一样充满好奇，仅仅是出于一个简单的原因：扎克伯格相信拉奇正在做之前几代科技人士付出努力但最终失败的工作，那就是把虚拟现实技术带给大众消费者。

从失败的产品中发现新东西

拉奇进入虚拟现实的新世界和如今很多成功创业的故事差不多，那一条发展路径几乎已成定式——都是从加利福尼亚州的车库起家，只不过拉奇并非斯坦福大学或互联网公司出身。他是家中 4 个孩子中的老大，少年时代就沉迷于虚拟现实技术，父亲是加利福尼亚州长滩（Long Beach）的一名汽车推销员，母亲是家庭主妇。拉奇没有上学，而是在家接受教育，他把所有空闲时间都花在玩视频游戏和看科幻电影上。他最喜欢的游戏是《超时空之轮》（Chrono Trigger）和《007 黄金眼》（GoldenEye 007），最喜欢的科幻电影大多是《黑客帝国》或者《割草者》（Lawnmower Man）这类高科技科幻片，这两种爱好把他引向同一条道路。"各种科幻题材都涉及虚拟现实，即使你本来对它没什么兴趣，但只要你是科幻迷，最终都会了解到很多关于虚拟现实的东西，"拉奇说，"我就是这样，我一直认为虚拟现实技术很酷，过去我认为它一定存在于秘密军事实验室或者其他什么地方。"科技界对于创造出一台可以带来身临其境感受的电

03

如何借助开源与众筹的力量

帕尔默·拉奇与 Oculus VR

脑显示器的最初设想，可追溯到 20 世纪 60 年代。早期的虚拟现实原型相当简陋、粗笨并且昂贵，主要用于政府或空军飞行模拟器之类的军事用途。20 世纪 80 年代，个人电脑的兴起引起了人们对便携式小型头戴设备的期待，并出现了众多对虚拟世界发挥想象力的艺术作品，以美国科幻作家威廉·吉布森（William Gibson）1984 年出版的小说《神经漫游者》（*Neuromancer*）肇始，消费者对于科技的兴趣逐渐萌发；而随着 1995 年《非常特务》（*Johnny Mnemonic*）、《时空悍将》（*Virtuosity*）、《末世纪暴潮》（*Strange Days*）等十几部相关电影的推出，大众对虚拟现实科技的兴趣也达到了巅峰。

虽然电影票房大卖，但相关的产品却不见踪影。有时是因为成本过高而夭折：20 世纪 90 年代初期，玩具公司孩之宝（Hasbro）至少花费了 5 900 万美元和三年多的时间开发了一款名为"家庭虚拟现实系统"（Home Virtual Reality System）的控制台和头戴设备，但该公司最终还是放弃了这个产品。孩之宝公司首席财务官约翰·奥尼尔（John O'Neill）对美联社（Associated Press）表示，那款产品即使定价 300 美元估计也很难在市场上打开销路。

更为常见的是，技术问题导致虚拟现实设备裹足不前。1996 年，任天堂（Nintendo）游戏公司推出售价 180 美元的视频游戏机"虚拟男孩"（Virtual Boy），但其宣称的三维图形效果令人大失所望。这款虚拟现实头戴设备的单色显示器分辨率极低，而且其高速震动的目镜导致使用者脖子酸痛、头晕目眩并且恶心反胃。任天堂只卖出了不到 80 万套"虚拟男孩"设备，该产品第二年就停产了。

少年时代的拉奇仍在继续探索这项神秘的技术。他在易趣网找到了一些淘汰的虚拟现实硬件，并逐渐积累了令人惊讶的收藏品。有一次，拉奇花 87 美元买到了原价 9.7 万美元的头戴设备。为了赚钱来支持自己的爱好，拉奇自学了电子学基础课程，他购买坏掉的苹果手机，修好后转手卖出，一共获利 3 万美元。

拉奇从那些失败的产品中挖掘到了新东西。"我改装笨重的设备，换上新的目镜，想办法把一个系统的目镜装到另一个系统上，"拉奇说，"就这样我做出了一些粗糙的原型。"

随着时间的推移，拉奇的产品不断进步。2009 年，17 岁的拉奇开始制作"原型 1 号"（Prototype One，PR1）。"整个光学系统都是为那个头戴显示器专门定制的。"拉奇说。同时，拉奇也到了上大学的年龄。这个受家庭教育成才的孩子选择了离家很近的加利福尼亚州立大学长滩分校（California State University Long Beach），选择了无所不包的新闻学专业。"当时我想成为一名掌握技术原理的科技记者。"拉奇说。

拉奇在空闲时间继续钻研虚拟现实技术。2011 年夏，拉奇在虚拟现实界先驱人物马克·伯拉斯（Mark Bolas）位于南加利福尼亚州大学的创新技术研究所（Institute for Creative Technologies）找到了一份兼职工作。"没有伯拉斯，就不会诞生 Oculus。"让"虚拟现实"这个词广为人知的计算机科学家杰伦·拉尼尔（Jaron Lanier）表示。伯拉斯和他的学生花了多年时间优化虚拟现实头戴设备，他们的所有创新成果都开放源代码。拉奇吸收了他们的智慧和技术，并迅速应用在自己的作品上。

2012 年 4 月，19 岁的拉奇完成了第 6 台自制虚拟现实设备原型机。他为这台设备命名为"裂痕"（Rift），意为沟通真实世界和虚拟世界的桥梁。

众筹的力量

如果在上个时代，拉奇可能很难取得如此惊人的成功。开放源代码让拉奇得以在第二版甚至第三版产品的基础上进行免费并且合法的软件开发。拉奇还在虚拟现实技术论坛 MTBS3D.com（Meant to Be Seen）上与很多专业人士一起群策群力，他的 6 台原型机中的每一台都得到网上虚拟现实爱好者的帮助，而他也经常帮助论坛中的其他人解决技术问题。

在这些论坛的会员中，有一个人并不是普通的业余爱好者。游戏编程界传奇人物约翰·卡马克（John Carmack）自 1991 年起就与人合创视频游戏公司 id Software，接下来的 10 多年里，他又开发了《雷神之锤》（*Quake*）、《毁灭战士》（*Doom*）等热门游戏。2012 年 4 月，卡马克在论坛发帖求助修改索尼公司的一款头戴显示器。"我们在论坛上一起讨论修改的难处……几周后，他私信问我能不能卖或者借给他一台原型机。"拉奇回忆说。

拉奇给卡马克寄去一台自己开发的 Rift 原型机。两个月后，在洛杉矶举办的一年一度的 E3 视频游戏展会上，卡马克用 Rift 原型机演示游戏《毁灭战士 3》，向在场的每个人盛赞 Rift，消息很快散播开来。时任流媒体游戏公司 Gaikai 首席产品官的布兰登·艾瑞布（Brendan Iribe）要求与拉奇见面并观看演示，他对演示效果十分满意，于是提出投资要求。2012 年 7 月，艾瑞布拿出 10 多万美元作为种子基金，由此诞生了 Oculus VR 公司。

不过，众包模式自此才刚刚拉开序幕。2012 年 8 月 1 日，拉奇发起活动筹集资金，以开发新原型，并召集软件开发者出谋划策。他选择在众筹网站 Kickstarter 上发起活动，该网站主要帮助人们为梦想的事业筹集大众资金，不管是自制的纪录片、发明的产品原型或者其他各种五花八门的产品。那个时候，根据美国安全法规，在众筹项目中买卖股权不合法，因此捐资者们无法获得股份，他们通常只是得到自己捐资的创业公司发放的 T 恤或者产品。不过，美国政府 2013 年通过了《创业企业融资法案》（*JOBS Act*），放宽了对众筹项目的法规要求。

"如果我是一名投资者，我对虚拟现实产品感兴趣的概率又有多大呢？不管它看起来有多酷，但是那些可怕的失败先例也太多了，"拉奇说，"我觉得争取风投资金的难度非常大……但是在 Kickstarter，大众并不指望自己的投资能换来很大的回报，他们只是想拿到你制作的产品而已。"

成功法则 YOU ONLY HAVE TO BE RIGHT ONCE

拉奇的众筹项目规定，每位超过 300 美元的捐资者可以获得一台 Rift 原型机，他们可以利用这台设备为该项目开发软件。拉奇明白，虚拟现实爱好者们对此将有强烈需求，但他担心这个网站社区的成员不够多，所以他的众筹资金目标订得并不高，仅为 25 万美元。

当 Kickstarter 成员发现 Rift 的众筹项目启动，并且注意到来自视频游戏界传奇人物约翰·卡马克、维尔福软件公司（Valve）联合创始人加布·纽维尔（Gabe Newell），以及电子游戏公司 Epic Games 设计总监克里夫·布拉斯克（Cliff Bleszinski）的评价后，拉奇的疑虑瞬间烟消云散。不到两个小时，Kickstarter 的众筹资金就超过了 25 万美元。

在发起众筹的第一天，拉奇正在得克萨斯州达拉斯一年一度的 QuakeCon 游戏大会上，为感兴趣的游戏玩家演示 Rift。"我们可能是整个展会上最小的摊位，"拉奇说，"没有任何引导标识，只有一张黑色桌子。不过整个周末期间，我们摊位后面一直排着差不多两个小时才能轮到一次的长队。就是在那个时候，我才意识到，'我的天，这下玩大了！并非只有疯狂的科幻极客，如今连普通人对虚拟现实设备也开始感兴趣了'。"

Kickstarter 网站上的众筹项目不断升温，一个月的时间，拉奇从 9 522 名支持者手中筹得 240 万美元——显然 Oculus VR 已经具备成为一家创业公司的可能性。不过，与很多少年得志的创业者不同的是，拉奇知道自己并不适合做管理，于是他的种子资金投资人布兰登·艾瑞布成为 Oculus VR 的 CEO。没过多久，约翰·卡马克在 id Software 母公司 ZeniMax Media 网站上发布辞职声明，成为 Oculus VR 公司的首席技术官。而拉奇的头衔只是"创始人"，并继续担任更宏大和总体性的角色——虚拟现实技术的代言人。

让虚拟现实走进每个人的生活

在 Kickstarter 上发起的众筹项目为 Oculus VR 提供的并不仅仅是"战备基金"（这次集资除了送出几百台产品原型外，没有为该公司带来任何股权稀释），还让拉奇和 Oculus VR 成为视频游戏界的超级明星。在西南偏南音乐节（South by Southwest）和游戏开发者大会（Game Developers Conference）之类的活动上，人们排好几个小时的队，只为体验一次虚拟现实世界之旅。

风投资本家们开始闻风而动。2013 年 6 月，Oculus VR 完成了由星火资本（Spark Capital）和经纬创投（Matrix Partners）联合领投，创始人基金（Founders Fund）和 Formation 8 参与投资 1 600 万美元的 A 轮融资，该轮融资前公司估值为 3 000 万美元。6 个月后，安德森·霍洛维茨基金又领投了 7 500 万美元的 B 轮融资，在此前 4 家风投公司的融资基础上，该公司的估值达到 3 亿美元。

"虚拟现实的梦做得太久，以至于科技界的大部分人都放弃了它，"安德森·霍洛维茨基金合伙人克里斯·迪克森（Chris Dixon）说，"我们第一次见到拉奇时，就发现他不仅怀有虚拟现实的梦想，而且知道如何利用所有关键的基础技术使之成为现实。"

对很多人来说，21 岁少年开发的虚拟现实设备原型能够实现 3 亿美元的估值，这无疑十分鼓舞人心。不过，仅在几周的时间里，事实证明这是一笔明智的投资。几个月前，Facebook 创始人马克·扎克伯格主动发电子邮件联系拉奇，这位前辈级的天才少年和晚辈拉奇在技术和科幻领域相谈甚欢，最终扎克伯格决定到 Oculus VR 的办公室试用 Rift。

"我们积极地与扎克伯格进行沟通，因为我们想展示自己的产品，"拉奇说，"扎克伯格是虚拟现实技术的铁杆粉丝，我觉得他的愿景和我们的一样，就是让虚拟现实技术走进全世界每个人的生活。"扎克伯格告诉拉奇和艾瑞布，他们可能无意中迈进了下一代计算机技术领域，这将是一种全新的人际交流方式，而不仅仅是进入 Facebook 的一条新路径。

在扎克伯格访问 Oculus VR 办公室一个月后，两家公司花了一周时间进行磋商，最终达成总值 20 亿美元的收购交易，其中包括 4 亿美元预付金，其余资金由 Facebook 的股票补足，另外还有 3 亿美元的奖励金。拉奇对 Facebook 能够带来的影响力表示肯定。"我之前一直对 Oculus VR 持怀疑态度，"韦德布什证券公司分析师迈克尔·帕赫特表示，"但是 Facebook 现在竟然也参与进来了。在扎克伯格眼中，这个设备并非只能用来玩电子游戏，它也可以用于指导或者教育方面，而且 Facebook 公司还会请第三方来制作内容。如今，Oculus VR 拥有足够资金可以实现更大的目标了。"

的确，这笔"战备基金"也是一项平等考量。"如果你希望销售 100 万台虚拟现实设备，只是制造它们就需要好几亿美元。"拉奇表示。换句话说，事实上，Facebook 还能让虚拟现实设备成为一种受主流消费者欢迎的科技产品。

Facebook 让拉奇一夜暴富。据《福布斯》杂志估计，拉奇在 Oculus VR 公司中持有约 25% 的股份，这意味着这位 21 岁男孩的身价瞬间飙升至 5 亿美元。

跨越障碍，捕获成功

那么，在虚拟现实成为真正现实的道路上，还存在什么障碍呢？首先是一场诉讼官司。2013 年 5 月，ZeniMax 公司指控其前雇员约翰·卡马克为 Oculus VR 公司提供了专利资料，但 Oculus VR 否认了该项指控。其次，Oculus VR 还面临着竞争。2014 年 3 月，索尼公司宣布正在为该公司的 PlayStation 4 视频游戏机开发虚拟现实头戴装置，代号"梦神计划"（Project Morpheus）。"我们首先把它看作为 PlayStation 游戏生态系统增添活力和价值的另一种方式，"索尼电脑娱乐（Sony Computer Entertainment）总裁和 CEO 安德鲁·豪斯（Andrew House）表示，"虚拟现实设备十分热门，不仅仅是视频游戏玩家，不玩游戏的人们也会被吸引进来。"

与此同时，谷歌和亚马逊也严阵以待。到目前为止，谷歌的兴趣点更多地集中在混合现实领域，也就是将计算机展示插入到现实世界而非完全采用虚拟世界的场景，因此谷歌推出了谷歌眼镜。亚马逊此前一直保持沉默，但虚拟购物商城显然是虚拟现实设备最具发展前途的应用，应用虚拟现实设备，人们可以不用只是盯着商品的二维图片，还能使用操控手柄自己来控制，甚至可以"试穿"衣服。

最后还要注意一点：1985 年，计算机科学家杰伦·拉尼尔从雅达利（Atari）游戏公司辞职，创建了 VPL Research 公司，这是世界上第一家出售虚拟现实头戴设备的公司。就在帕尔默·拉奇出生的两年前，该公司申请破产。"如今有些事对我来说很怪异，但 Oculus VR 公司的人却根本不可能知道，那就是很多有关产品设计、新闻头条、阴谋把戏和闲言碎语的经历与我 30 年前经历过的状况几乎完全相同，"拉尼尔说，"我只能说，希望拉奇先生能够取得成功。"

不过，拉奇注意到了那次失败以及此前的很多次失败。但是这一次，他认为技术方面终于做好了准备。"我认为目前市面上没有多少产品能跟我们的产品相媲美，"拉奇说，"我们拥有虚拟现实产业最棒的团队，我们拥有很多游戏产业最棒的人才，我们还拥有在硬件制造和游戏开发方面的出色合伙人。我们正在通往制造全世界最棒的虚拟现实设备的道路上……

而且我坚信,在接下来的数十年里,面向大众的消费品将会领先其他一切产品。"

即便事实并非如此,拉奇也下定决心追逐梦想。2014 年,Oculus VR 公司开启了捕获模式,他们买下位于西雅图的产品设计工作室 Carbon Design 和游戏网络引擎 RakNet——后者恰好也是开放源代码的软件公司。对于拉奇来说,资金不是问题,他还规划好了公司愿景。"从现在开始的 5 年时间内,我不知道能否确保全球所有人都拥有一台虚拟现实头戴设备,"他说,"但是我会全力以赴,直到实现目标为止。"

YOU ONLY HAVE TO BE RIGHT ONCE

THE UNPRECEDENTED RISE OF THE INSTANT TECH BILLIONAIRES

04

如何拯救每况愈下的传统产业

丹尼尔·埃克与Spotify

从某种令人震惊的角度来说，由一群"坏孩子"组成的计算机高手对商业的颠覆是一种"美国现象"。关于这一点，流媒体音乐软件 Spotify 创始人丹尼尔·埃克是最好的证明。他是本书介绍的公司创始人中唯一一位非美国公民。32 岁、有点害羞的埃克来自瑞典。公司总部位于瑞典首都斯德哥尔摩，不过他的活动中心逐渐转向美国纽约，而资金则主要来自硅谷。时下数字领域的不少同侪们都深深地感到一种迫切需求：只有打破传统束缚，才能拯救新兴产业，而对于唱片产业而言，埃克拥有明显的优势：网络黑客们已经开始了这项工作，而史蒂夫·乔布斯和 iTunes 则在很大程度上终结了它。2011 年下半年，当《福布斯》杂志记者史蒂文·贝尔托尼跟随丹尼尔·埃克穿梭于大西洋两岸时，很多人认为埃克是音乐产业最重要的人，甚至算得上一名"白帽黑客"。2014 年，当苹果公司以 32 亿美元的高价收购了 Spotify 最大的竞争对手 Beats（包括 Beats 生产的高级耳机系列）时，25% 的录制唱片收入都是通过流媒体这个渠道实现的。

04
如何拯救每况愈下的传统产业
丹尼尔·埃克与 Spotify

11 月，斯德哥尔摩一个典型的阴暗潮湿的下午，丹尼尔·埃克病了。过去一个月来，Spotify 公司这位现年 28 岁的 CEO 累垮了。他从瑞典总部马不停蹄地飞往美国旧金山、纽约、丹麦、荷兰和法国，视察自己不断扩张的销售团队，并在公司目前运营的十几个国家有针对性地推出音乐服务产品。

尽管疲惫不堪，但他无法休息。按照日程计划，下周他还要飞回纽约出席首次新闻发布会，推出 Spotify 新平台。尽管他私下承认，这个新平台还没有完全准备好，不太适合与公众见面。"我本该在家卧床休息的，"埃克叹了口气，声音虚弱嘶哑，"但我们要把这件事做好。"健壮的、有些秃顶的埃克把白色帽衫的拉链一直拉到下巴，用一杯茶代替了早间咖啡——他几乎每天都要喝 6 杯咖啡，随后前往办公室，那里看起来就像是期末考试前夕的大学图书馆。台球桌换成了宜家办公桌，而灰色的沙发床是为了方便通宵加班时打盹儿。埃克没有使用自己独立的大办公室，那里主要被用作会议室。他坐在一张公共办公桌前，周围是十几名来自不同国家的工程师，都是"极客"风格的打扮——窄脚牛仔裤、印花 T 恤以及毛衣开衫，他们正使用银色的苹果笔记本电脑疯狂地编程。

这股狂热的力量，也反映在如今音乐产业所面临的、崭新又怪诞的现实状况。这间租来的、位于斯德哥尔摩市比尔格·雅士街（Birger Jarlsgatan）的办公室，已经超越了美国大都市纽约、洛杉矶和乡村音乐发源地纳什维尔（Nashville），成为音乐界最重要的地方，而埃克俨然扮演着最重要的角色。诸如红辣椒乐队（Red Hot Chili Peppers）这样的超级明星乐队，虽然与埃克同年诞生，如今却要长途跋涉到瑞典向他致敬；埃克的苹果手机里保存着一张照片，是他和加拿大著名摇滚歌手尼尔·扬（Neil Young）共乘一辆1959年白色林肯大陆经典款汽车兜风的照片；他与U2乐团主唱波诺（Bono）轻松愉快地互发短信。"我的外祖父母都曾从事音乐产业，"埃克耸耸肩，"所以我跟这个玩意儿还真是缘分不浅。"

整个音乐产业等待埃克的出现已经十多年了。或者更具体地说，是等待一个人——无论他是谁，只要他能够做到以下两点就行：**创造出比盗版产品更能吸引用户的东西，同时提供一套可持续的盈利模式。**20世纪90年代，肖恩·范宁（Shawn Fanning）和肖恩·帕克凭借他们的音乐下载网站Napster（后因涉嫌侵权被关闭），从根本上颠覆了整个唱片产业，埃克把Napster形容为"对我影响最大的互联网体验"。Napster网站免费、快速并且没有任何限制，通过这个网站，埃克还发现了他最喜欢的两个乐队——披头士和齐柏林飞艇（Led Zeppelin），他还成为如今被视作"迷失的一代"（18~30岁）中的一个：这一代人不相信音乐需要花钱购买。

史蒂夫·乔布斯在唱片产业惨淡时期重磅推出iTunes，后来证明这个所谓的"解药"比起"痼疾"的毁灭性有过之而无不及。通过让消费者养成购买音乐单曲而非整张专辑的习惯，后者一直是唱片产业得以存活的命脉，再加上另行收取高额佣金，对于急剧衰退的唱片产业而言，苹果公司此举无疑是雪上加霜。据行业市场调研公司IBISWorld的统计数据显示，唱片产业 1999 年的营收额为 567 亿美元，尚属良好，而在 2011 年，这个数值已经缩减至 300 亿美元。

接下来，唱片产业迎来了第三位颠覆者：埃克。在目前的互联网技术领域，谷歌提供搜索引擎，Facebook 确认个人身份，亚马逊引领零售界，而埃克希望 Spotify 独霸原声音乐界。就像他自己描述的那样："我们要把音乐带到派对上。"这也解释了他那些睡眠时间不规律的工程师们 24 小时倒班的原因：比起单纯的音乐播放器——尽管它拥有创新模式，能够及时、免费、通过合法途径帮你获取几乎所有听过的歌曲，Spotify 的终极目标却是建立一个完整的音乐生态系统。

成功法则 YOU ONLY HAVE TO BE RIGHT **ONCE**

> 对于用户来说，Spotify 颇具吸引力：该服务平台的 2 400 万名活跃用户（数据截至 2014 年年中，在过去一个月内使用 Spotify 听过音乐的用户）能够在电脑上欣赏超过 2 000 万首歌曲，所付出的代价不过是偶尔收听一段广告。Spotify 具有 iTunes 的快速和便捷、Napster 的灵活和广度，以及在线电台服务潘多拉（Pandora）极具诱惑力的定价模式。并且，与上述行业先行者不同的是，Spotify 从诞生之初就具备了社交网络的功能，用户可以通过网站工具与朋友分享自己的播放列表——在 Spotify 推出 Facebook 版本后的第一个月，就有超过 10 亿首歌曲得到分享和传播。

肖恩·帕克被迫辞去 Facebook 首任总裁职位之后，曾恳请埃克给自己机会投资 Spotify，他在向埃克自荐的电子邮件中写道："自从 Napster 关闭后，我就一直梦想着重建一个类似 Spotify 的产品。"Spotify 也引起了 Facebook 创始人马克·扎克伯格的注意。"扎克伯格告诉我，他仔细研究了我们的产品，感觉相当不错，"埃克说，"他们还内化了许多我们曾经讨论过的、应用程序的社交设计理念。"这意味着可以将自己的核心产品与第三方应用程序开发者进行合作，从而帮助自身不断进化，吸引更多潜在用户。对埃克来说，就是将 Spotify 精心创建的音乐库在 Facebook 上共享。

这种社交聚合模式的盈利方式是这样的：你查看社交网络上好友的播放列表，使用诸如音乐杂志《滚石》、音乐排行榜杂志《启示牌》（Billboard）或音乐电台 Last.fm 等应用软件发现新歌，然后创建自己的歌单。接下来，你希望能够随时随地收听自己的歌单。这就是 Spotify 的盈利点。下载并注册 Spotify，你每月只需支付 10 美元，就可以在移动设备上便利地欣赏自己的音乐藏品了。

索尼音乐（Sony Music）瑞典公司负责人马克·丹尼斯（Mark Dennis）表示，自 2008 年 Spotify 创立以来，凭借自身努力就遏制了瑞典音乐产业十多年来持续走低的营收趋势。到了 2011 年，瑞典音乐产业出现了自 20 世纪 90 年代美国克林顿政府执政以来的首次营收增长，其中，Spotify 占到 50% 的销售份额，相比 2010 年的 25% 有明显增长，而瑞典长期以来一直都是盗版音乐的温床。

由此推断，在全球范围内，音乐产业或许找到了起死回生的"灵丹妙药"。目前，大约 25% 的 Spotify 用户订阅了付费服务，那意味着 1 000 万人对埃克的产品抱有信心，从而支持他展开与苹果、亚马逊和谷歌三方面的竞争，通过免费提供音乐产品，最终拯救唱片行业。

将音乐与技术结合起来

自 5 岁起，丹尼尔·埃克就已经开始接触到 Spotify 的两大核心：音乐和技术。在那一年，他先后收到一把吉他（埃克的外祖父母分别是歌剧演唱家和爵士乐钢琴家）和一台康懋达 20 系列（Commodore 20）计算机（埃克的亲生父亲在他还是婴儿时就离开了家，不过他的继父从事 IT 工作）。埃克对摆弄这两种器具似乎颇有天赋。两年后，他开始编写一些简单的程序，陪伴他的是家中的音乐电视频道（MTV）。当时他生活在斯德哥尔摩附近、治安环境恶劣的拉格斯威德街区（Ragsved），当地人称这里为"毒品街区"。

14 岁时，埃克投身到 20 世纪 90 年代末期的互联网开发狂潮中，他开始在学校的计算机实验室创建商业网站。当时开发一个商业网站主页的市场价是 5 万美元，但是埃克只收 5 000 美元，然后批量制作网页：他召集了一批同龄人，培训那些有数学天赋的去学 HTML 语言，而那些有艺术特长的就学 Photoshop。没过多久，他每月就能够净赚 1.5 万美元，并购买了当时市面上所有的电子游戏软件，其中他最喜欢的是一款叫作"金融帝国"（Capitalism）的商业模拟游戏。

作为伴随互联网成长起来的第一代人，埃克试图掌握与互联网有关的一切。他买了一些服务器，去研究其运作原理，并且通过提供网站托管服务，每月又多挣了 5 000 美元。16 岁时，埃克痴迷于谷歌的发展速度，于是申请成为谷歌的工程师，谷歌对此的回复是"等你拿到学位后再来找我们吧"。随后，埃克开始着手创建自己的搜索引擎公司。

项目最终还是失败了。不过，这促使埃克在一家名为 Jajja 的公司获得一份临时工作，主要负责搜索引擎优化。那家公司给出的薪资丰厚，但是作为高中生的埃克并不热衷这份工作。他利用薪水购买了更多的服务器和调谐器，去追逐自己最痴迷的梦想：同步录制电视节目，当时他还不知道美国电视录制技术公司（TiVo）正在开发相似的业务。埃克房间里那些成堆的服务器散热量非常大，以至于他一进屋就要脱得只剩内衣才行。

高中毕业后，埃克进入瑞典皇家理工学院（Sweden's Royal Institute of Technology）学习工程学。8 个星期后，他意识到第一学年的教学内容完全以理论数学为主，于是他就辍学了。很快，一家位于斯德哥尔摩、名为 Tradedoubler 的网络广告公司找到埃克，请他开发一个程序，以帮助他们汇报已签订合同的网站的情况。埃克开发出的程序十分高效，以至于该公司在 2006 年出价 100 万美元购买了这个程序的使用权，而埃克通过出售相关专利又赚得 100 万美元。

然而，情况很快急转直下。这位 23 岁白手起家的百万富翁，独自居住在斯德哥尔摩南部 32 千米外的森林里，忍受着瑞典难熬的严冬，还有折磨人的抑郁症。为了追求快节奏的生活，埃克在斯德哥尔摩市中心买了一套三居室公寓，一辆樱桃红的法拉利跑车，并且成为本城最热门俱乐部的会员。但他所做的这一切仍然很难吸引到女孩们，而且大手笔的挥霍只会招来拜金女郎。"我当时非常迷茫，不知道自己是谁，想成为什么样的人，"埃克回忆说，"我真心希望成为更酷的男人。"

可怜的埃克卖掉了自己的法拉利跑车，搬到父母家附近的小木屋里居住，在那里弹吉他或者冥想。埃克当时已经创建了三家科技公司，但他开始考虑想要成为一名职业音乐人，并打算以此谋生。埃克会弹吉他、贝斯、钢琴，会打鼓，会弹钢琴，还会吹口琴，只是不擅长唱歌。"靠音乐我可能发不了财，不过养活自己还是没问题的。"隐居在森林的日子里，埃克最终决定要用某种方式把驱动自己的两种激情——音乐和技术结合起来。也是在这段时间里，埃克开始与 Tradedoubler 公司董事长马丁·罗伦松（Martin Lorentzon）往来。罗伦松比埃克大 15 岁，但仍然活力十足，每天健身两次。作为纵横硅谷的资深人士，罗伦松曾在知名搜索引擎公司远景公司（AltaVista）任职，并于 2005 年将 Tradedoubler 公司上市，净赚 7 000 万美元。由于不再亲自参与公司的日常运营，罗伦松同样感到空虚无聊、漫无目的。埃克第一次拜访罗伦松位于斯德哥尔摩的公寓时，发现他的房间里只有一张床垫和一台放在宜家椅子上的笔记本电脑。"我问他是什么时候搬到这间公寓来的，"埃克说，"当他告诉我已经搬进去一年多的时候，我就知道他过得并不快乐。"

他俩经常在一起看动作片，诸如《教父》三部曲、《情枭的黎明》（*Carlito's Way*）等，他们后来每年都要看一遍这些电影，成了例行的传统。"当我遇到丹尼尔时，我有一种很强烈的感觉，"罗伦松说，"要想跟一个人做搭档，我们之间必须有兄弟般的情谊，因为我们将共同面临很多问题。**一家公司的价值，就是你和搭档一同解决的问题的总和。**"

埃克不太相信罗伦松会离开 Tradedoubler，因此在 2006 年，他设定了一周的期限。规定是在他俩承诺合伙之前，罗伦松必须公开辞去 Tradedouble 董事长的职务，并且还要往埃克的银行账户转 100 万欧元作为种子资金。接下来的星期一，Tradedouble 公司发布了一份新闻声明，宣布马丁·罗伦松辞职。那天晚些时候，罗伦松让埃克去查看他的银行账户，显然，那笔钱已经到账。然而直到那时，他俩还没有定好创业方向。

追随信念，而不是理性

罗伦松和埃克都处在一种独特的状况下：前者不再需要钱，而后者不再在乎钱。因此，他们决定忽略盈利问题，一心进行颠覆性变革。他们的目标是音乐产业。"令我困惑的是，尽管人们现在比以往任何时候听的音乐都多，并且制作音乐的艺人风格也更加多元化，但整个音乐产业却每况愈下。"埃克说道。

两人分别坐在埃克公寓的两个房间里，大声喊叫着给音乐网站取名字——尽管他们还不知道这将是一个什么样的网站，埃克把罗伦松的一个建议听错了。他把那个单词"Spotify"输入谷歌搜索，竟然没有任何内容。而如今，你或许能搜到 2 300 万条结果。埃克和罗伦松随后注册了这个名字，然后开始制定基于广告的盈利模式发展计划。计划初步成型后，他们招募了一批工程师，然后把新团队带到西班牙巴塞罗那开派对庆祝，一起聆听了埃克称为"怪异的德国电子流行乐"的音乐。然后，他们正式开工了。

回到斯德哥尔摩后，他们借鉴了苹果公司 iTunes 的界面以及三星公司生产的黑色纯平电视的平滑流畅风格，并且创建了第一个产品原型。与那些发布盗版音乐的网站不同，直到与唱片公司签好协议后，埃克才正式推出 Spotify。"我们希望表明，我们并不像其他网站那样，利用唱片公司的产品为自己捞钱。"埃克说。

埃克最初的目标是获得全球音乐版权，虽然在律师弗雷德·戴维斯（Fred Davis）的帮助下，但却很快遭到拒绝。因此，他将主要目标放在欧洲授权许可上，本来以为三个月就能搞定，结果花了两年才办成。埃克及

04
如何拯救每况愈下的传统产业
丹尼尔·埃克与 Spotify

其团队对唱片公司高层穷追不舍，试图说服他们：Spotify 免费，并且基于广告的盈利模式必将促进唱片的销售量。可惜没有一个人愿意埋单。"他们会说，'噢，听起来有点意思'或者'给我发点数据来看看'，"埃克笑了起来，"我当时只有 23 岁，很单纯地认为，'哇，自己干得不错，这事肯定能成'。"

最终，埃克还是在 Spotify 上加载了盗版的音乐，并把样品演示发给唱片业高层。这终于引起了他们的注意。"对于 Spotify，如果人们不亲自试试看，就体会不到它的好处，"埃克说，"之后，他们还会把它推荐给自己的朋友们。"就在埃克与这些唱片公司谈判的时候，Spotify 耗尽了资金。除了员工工资和日常开销之外，埃克和罗伦松还承诺预付 100 万美元给唱片公司，以获得音乐库的使用权。没有风险投资人对他们感兴趣。为了继续维持 Spotify，除去罗伦松最初投入的 100 万欧元种子资金，他们又投入了将近 500 万美元。"我们赌上了自己的全部家当，有时我们甚至赌上整个公司，"埃克说，**"我们被信念而非理性指引，因为理性告诉我们，这一切几乎是不可能的。"**2008 年 10 月，Spotify 在斯堪的纳维亚半岛、法国、英国和西班牙上线运营。而最终与美国相关方面达成运营协议，则花费了将近三年的时间。

"他是唯一有耐心在唱片产业达成目标的科技创业者，"曾经帮助 Spotify 打开美国市场并促成与 Facebook 合作，如今也是 Spotify 董事会成员的肖恩·帕克说，"埃克拥有一种禅修般的耐心以及在压力和挫折下免于崩溃的能力。他一次又一次地将自己置于一种普通人会甘心认输的境地。"当我和埃克在他的办公室聊天时，他正襟危坐，纹丝不动，就像一尊来自瑞典的佛陀。他讲话时，全身唯一在动的只有嘴巴，甚至连那冰蓝色的眼珠都没有眨一下。

这种沉着、冷静的性格帮助埃克控制了各种混乱局面：2011年，他在旅途中的时间足足有100天——主要往返于欧洲、纽约和加利福尼亚州三地，繁忙的行程导致相处两年的女友与他分手。在斯德哥尔摩工作时，埃克大约早上8时30分起床，回复一个小时的电子邮件，然后步行5分钟到Spotify的办公室。他一天中大约1/4的时间花在招聘上，其他时间待在公共办公桌前，或者在房间里走来走去。"埃克是少有的人才，"帕克说，"他能够同时兼顾技术、战略和商务谈判，在这三方面都应对自如。"

埃克一直工作到晚上8时，出去吃完晚餐后就回家休息，弹上几个小时的吉他，或者轮流阅读三本书。当我们见面时，他正在阅读的是《史蒂夫·乔布斯传》，一本关于印刷排版的入门书，还有一本盆栽培育指南。然后，他还要继续处理一些电子邮件，一般在凌晨2时左右上床睡觉。罗伦松希望埃克能够平衡生活：多运动，少吃垃圾食品，多睡觉，少加班。但在可预见的未来，最后一个目标他可能很难做到。

打造一个全球音乐平台

2011年，刚过完感恩节，在纽约市格林尼治村的斯蒂芬·韦斯工作室（Stephan Weiss Studio），埃克跳上光滑的白色舞台，面对舞台下面一群忙于打字的记者和一排准备就位的直播摄像机。尽管对于Spotify新平台的推出十分兴奋，埃克还是期盼着新闻发布会赶紧结束。当埃克只在欧洲运营公司时，他还可以保持低调。但随着Spotify成功打入美国——这个对亚马逊创始人杰夫·贝佐斯、微软创始人比尔·盖茨、Facebook创始人马克·扎克伯格以及苹果公司创始人史蒂夫·乔布斯等人狂热崇拜的国度，埃克不得不把身份从程序员转变为布道者。为了帮助Spotify扩大规模，埃克必须大力宣传自己的平台，制造轰动效应，从而促使各大唱片公司、音乐人和开发者们兴奋地联手合作。

> 埃克不需要拉拢投资者。过去几年来，他的投资者候选名单急剧增加。Spotify 已经从瑞典一家小型融资公司成长为一家由李嘉诚、肖恩·帕克和知名风投公司创始人基金等社交媒体精英共同融资打造的重量级公司，以上投资方共计投资了超过 5 000 万美元，赋予该公司 2.5 亿美元的估值。据称，在 Spotify 新平台新闻发布会之前的几个月，俄罗斯投资巨头 DST、美国风投公司加速合伙公司（Accel Partners）及凯鹏华盈（Kleiner Perkins）再次向 Spotify 投资近 1 亿美元，使其估值达到 10 亿美元。"丹尼尔是我们必须并且非常希望合作的创业者，"加速合伙公司投资人吉姆·布雷耶（Jim Breyer）表示，"我们最看重的一点是，**他把对于音乐的激情和尽可能便捷地发现并分享音乐的创意结合了起来。**"埃克仍然持有 Spotify 公司 15% 的股份。得益于种子资金，罗伦松拥有约 20% 的股份。据估计，到 2014 年夏天，公司的估值将上升到 40 亿美元，两人的身价都将达数十亿美元。

当然，Facebook 也有不少功劳。这家社交媒体巨擘和 Spotify 已经实现了互相嵌入。Facebook 上的数十亿首分享音乐并不是偶然出现的。"我觉得 Facebook 上没有哪一个应用能像 Spotify 这么充分地利用资源，"埃克说，"我们希望它尽善尽美。"扎克伯格补充道："埃克显然对于未来的方向极富远见。对于产品本身而言，希望怎么做，不希望怎么做，他都清清楚楚。"

　　归根结底，对埃克来说，真正的威胁并不在于产品方面，而在于 Spotify 试图拯救的音乐产业。Spotify 的成功主要依赖其丰富的音乐库。尽管目前大部分乐队都投奔了 Spotify 的怀抱，但埃克最爱的乐队之一披头士却仍然没有给予授权，而其他诸如黑键乐队（Black Keys）、电台司令（Radiohead）等乐队则抱怨利润太少，即使迄今为止 Spotify 已经支付了超过 10 亿美元的版税。流行歌手贾斯汀·比伯（Justin Bieber）的经纪人斯科特·布劳恩（Scooter Braun）虽然能够理解这些情况，但他告诉我："那些乐队应该告诉电台，不要免费播放他们的专辑，并且致电 YouTube，不准他们免费播放自己的音乐视频。"

　　同样，那些掌控所有音乐的唱片公司，也令埃克遭受到多方夹击。一项明智的举动是，埃克主动吸引大玩家加盟合作，作为最初授权协议的一部分。Spotify 对四大唱片公司（华纳、环球、百代和索尼）以及独立唱片公司 Merlin 赋予股权，据业内人士透露，以上唱片公司共同占有 Spotify 公司 20% 的股份。尽管这些股份已经相当可观，但仍不足以完全满足合作方的要求。**从根本上来说，埃克需要改变权力格局，并且把 Spotify 打造成一个主导全球音乐业的资源库，成为具有巨大影响力、足以使得任何唱片公司和艺人无法回避的热门网站。**

　　这也是埃克把 Spotify 向应用程序开发者们开放的原因：他希望开发者们能够将 Spotify 转变成为一个全球音乐平台，同时能够让自己 1 200 人的全职团队全心全意地把精力集中在产品研发上。"谷歌有 3 万名员工，"埃克说，"有时候我在想，如果这些员工全都致力于解决搜索问题呢？"他拿出了自己的 iPhone 手机，并开启了 Siri 语音控制功能，他询问明天第一个约会是什么时候。数秒钟后，一个计算机语音传来：上午 11 时。"试想一下，如果这个软件的反应速度提高三倍，并且能够真正理解我说话的意图，"埃克说，"这将有可能形成对谷歌最大的威胁，这会是一种全新的人机交互方式。"

埃克打算创建一个语音控制的 Spotify 界面吗？他闪过一丝狡黠的笑容："为我播放酷玩乐队（Coldplay）的歌曲。"他对着手机说，小小的扬声器响起了该乐队热门歌曲《科学家》（*The Scientist*）的钢琴旋律。"几周前我们破解了这个功能，"埃克点点头，带着一丝满意，"我不是一个发明家，我只是想把事情做得更好。"

YOU ONLY HAVE TO BE RIGHT ONCE

THE UNPRECEDENTED RISE OF THE INSTANT TECH BILLIONAIRES

05

如何实现从免费到付费

简·库姆与WhatsApp

扫码关注"未来创客"
回复"WhatsApp"
查看相关视频

很难找到合适的词形容简·库姆取得的成就，他创立了通信服务软件 WhatsApp，并以 190 亿美元的价格卖给了 Facebook。硅谷有史以来最成功的创业公司？本世纪最伟大的技术交易？这两种说法似乎都没错，但我认为有一种表述最具分量：美国历史上最伟大的、白手起家的传奇富豪。

这种说法或许尚有争议。但可以确定的是，鉴于其个人财富的规模和增长速度，现年 39 岁的库姆无疑能够跻身科技界富豪榜单前 10 名。库姆出生在乌克兰首都基辅的郊区，少年时代移居美国，性格内向孤僻。身为家中独子的库姆和母亲相依为命，在加利福尼亚州山景城靠领取社会救济金生活。母亲因癌症去世后，连高中文凭都没拿到的库姆孑然一身，成了真正的"美国孤儿"。

作为在全世界拥有 5 亿名用户的热门通信软件的开创者，库姆本人却非常低调寡言。《福布斯》杂志记者帕米·奥尔森（Parmy Olson）花了 18 个月的时间，才说服库姆接受这次专访。在此之前，库姆从未公开接受过任何采访。不过，在接受采访后的几个月里，库姆和奥尔森时常会面聊天，而恰好在此期间发生了科技圈最伟大的交易之———Facebook 收购 WhatsApp，这使得奥尔森得以目睹商业史上的重要一幕。该交易达成几个小时后，这篇报道也随之发表了，WhatsApp 公司内部的一名员工特意通过 WhatsApp 软件给奥尔森发送了一张照片。这着实增添了一抹趣味花絮。照片上，库姆背靠着当地政府一家社保机构的大门，那是他在少年时代常去领救济金的地方，在这里，他签下了那笔给他带来税后 68 亿美元个人资产的交易协议。看来在硅谷，美国梦依然熠熠生辉。

如何实现从免费到付费
简·库姆与 WhatsApp

"聚吧？"2012 年春，简·库姆收到了这样一封内容简短的电子邮件，而这种主题的邮件在他的收件箱里数不胜数。几乎每天都有投资者对库姆进行电邮轰炸，想要从不断壮大的 WhatsApp 公司身上分一杯羹。2009 年 2 月 24 日，库姆在自己生日的当天创建了通信服务软件 WhatsApp，此后该软件迅速风靡全球。从来没有哪款社交工具有过如此快速的发展，超过 9 000 万名用户使用 WhatsApp 免费发送短信和照片，而 Facebook 运营三年才只有 6 000 万名用户。当时，WhatsApp 接近一半的注册用户每天都使用该软件。

库姆看了一下那封电邮的发件人：马克·扎克伯格。这是扎克伯格发来的第一封邮件。这位 Facebook 创始人表示自己一直在使用 WhatsApp 软件，并且希望邀请库姆共进晚餐。库姆迟疑了一会儿，最终回复称自己正准备出差去处理服务器问题。扎克伯格建议两人在库姆出差前会面。库姆则将扎克伯格的回复转发给自己的联合创始人布莱恩·阿克顿（Brian Acton）以及公司唯一的风险投资人——红杉资本合伙人吉姆·格奥兹（Jim Goetz），并且附上一句话："大家沉住气啊！"

阿克顿建议库姆接受邀请，并告诉他："如果有和扎克伯格差不多身份的人直接联系你，那你就要接电话。"

那个月的月底，库姆和扎克伯格在埃斯特德式面包房（Esther's German Bakery）共进午餐。这家面包房的后院有个隐蔽的小露台，位置距离Facebook总部只有32千米，因此成了绝佳的会面地点。席间，扎克伯格表示自己很钦佩库姆的成就，并且暗示有兴趣将两人的公司整合起来。

于是互联网科技史上长达两年且成交数字惊人的"斡旋"开始了。在这场斡旋中，钦佩之情发展成为深厚的友谊，并在最后时刻实现了史无前例的巨额财富交易，就在少年库姆领取生活救济金的社保机构的大门前，最终圆满签署了这项协议。

2014年年初，Facebook以40亿美元的现金、价值120亿美元的股票（相当于公司8.5%的股票份额）外加30亿美元的限售股收购了WhatsApp公司，可以说这场交易巩固了扎克伯格作为科技界"新亿万富豪创造者"的声誉。

YOU
ONLY HAVE
TO BE RIGHT
ONCE
数说创业

库姆是一个性格腼腆却才华横溢的计算机工程师，他从乌克兰移民来到美国，甚至没有任何学位。这次交易后，他加入了Facebook董事会，并且将税后68亿美元收入囊中。库姆的联合创始人布莱恩·阿克顿现年45岁，性情温和，曾担任雅虎公司工程师，也曾向Twitter和Facebook公司求职，可惜惨遭拒绝。这场交易给他带来了税后30亿美元的个人资产。阿克顿表示，这场交易让他"目瞪口呆"。红杉资本是唯一一家从这笔交易中获益的风投公司，他们将带着35亿美元的收入退出WhatsApp公司投资者之列，相比当初5800万美元的投资，收益翻了60倍。

对于一家仅有 56 名员工且营收额约为 2 000 万美元的公司而言，这个数字看上去似乎太过疯狂；但对 Facebook 来说，这笔交易具有重要意义。

WhatsApp 是继电子邮件和电话之后，世界上使用最为广泛的通信工具之一，并且它还推出了语音通信服务。WhatsApp 拥有 5 亿名用户，这令以往靠短信收费赚得盆满钵满的移动运营商痛失 330 亿美元的收入。WhatsApp 软件在使用第一年完全免费，此后每年需要用户支付 1 美元的服务费。没有广告，没有收费产品，也无须付费升级。在之后的磋商中，扎克伯格向 WhatsApp 的两位创始人承诺，不会给他们带来"任何有关盈利方面的压力"。"我希望你们能够在未来 5 年内争取到全球用户（40 亿~50 亿）。"扎克伯格表示。

成功法则 YOU ONLY HAVE TO BE RIGHT **ONCE**

WhatsApp 最终会让扎克伯格狠赚一笔。WhatsApp 为每位用户提供服务的成本为 5 美分，且目前只在美国和英国等少数国家收费，因为这些国家的移动支付体系相对而言比较成熟。WhatsApp 深信，随着服务的发展和收费逐渐到位，公司到 2017 年能够实现 10 亿美元的年营收额。内部人士表示，WhatsApp 也可以开始向航空公司和打车应用初创企业如 Uber 等公司收费，允许他们在 WhatsApp 用户同意的情况下向其发送信息。

当然，这么做最大的风险就是大量用户流失，转投新一代产品。不过这一点在当前似乎并不可能。阿克顿表示，在 2014 年年初，WhatsApp 平均每天注册的新用户数量达到 100 万。在中国香港，只要是使用智能手

机的人，几乎人人都在使用 WhatsApp；在阿联酋，你可以在电视上观看《WhatsApp 学院》（*WhatsApp Academy*）节目；在荷兰，有 950 万人（超过该国一半人口）活跃在 WhatsApp 软件上，"Whatsappen"现在成了荷兰语中的一个动词，意思就是通过 WhatsApp 发送信息；在巴西足球联赛期间，职业球员使用 WhatsApp 的群聊功能组织罢工。"也许在不久的未来，"红杉资本的吉姆·格奥兹说，"WhatsApp 将彻底取代全球所有短信业务。"

结识最重要的创业伙伴

要了解 WhatsApp 如何一路走来取得如此成就，你只需从该公司位于加利福尼亚州山景城、没有任何标志的总部出发，走过几个街区，来到铁路对面一栋废弃的白色房子那里就可以了。这栋房子曾经是当地的北郡社会服务机构（North County Social Services）所在地，少年库姆曾在这里排队领取食品救济券。

库姆出生在乌克兰首都基辅郊外的小镇法斯蒂夫（Fastiv）。他是家中独子，母亲是家庭主妇，父亲是从事医院和学校建设的建筑经理。那个年代的乌克兰，居民用电和热水都按配额供应。他的父母很少接打电话，以避免政府监听。这种成长环境听起来并不怎么样，但库姆仍然会怀念曾经的乡村生活，而这也是他如今坚决反对网站小广告泛滥的主要原因之一。

1992 年，16 岁的库姆和母亲移居美国加利福尼亚州山景城，在政府帮助下居住在一间两居室的小公寓里。他的父亲一直未能成功移民，后于 1997 年去世。离开乌克兰时，库姆的母亲在行李箱里塞满笔和 20 本苏联政府发的本子，以省下日后购买文具的钱。到了美国后，她找了一份帮人照料小孩的工作，而库姆则到一家杂货店打扫卫生赚钱来贴补家用。后来，母亲被诊断患有癌症，母子俩只能靠她一个人的残障补助度日。库姆的英语说得相当流利，但他并不喜欢美国高中生的轻浮作风。库姆表示，在乌克兰，一个人的朋友可能不多，但交情维持十几年都不会变。"在那里，人们都知根知底。"

库姆被高中开除，他只得去参加其他教育课程。不过在此期间，库姆从二手书店购买教材，看完后再退给书店，他就这样在 18 岁前自学完成了计算机网络知识课程。他曾经加入 EFnet 网络聊天室中一个名叫 w00w00 的黑客组织，并潜入硅谷图形公司（Silicon Graphics）的服务器，还跟 Napster 联合创始人肖恩·范宁聊过天。

库姆后来进入圣何塞州立大学就读，晚上到安永会计师事务所（Ernst & Young）兼职安全测试员。1997 年的一天，库姆到阿克顿工作的雅虎公司检测广告系统。"他似乎跟别人不太一样，"阿克顿回忆说，"他言简意赅，根本不会去问'你们公司的规定是什么？你在这里负责什么业务？'之类的问题。"安永会计师事务所的其他人喜欢跟客户套近乎，比如送红酒当礼物。"反正差不多就是那么一回事。"阿克顿说。

看起来库姆也欣赏阿克顿直率的风格，他承认："我俩都不爱兜圈子。"6 个月后，库姆去雅虎公司面试，得到了一份基础设施工程师的工作，而他当时仍在继续圣何塞州立大学的学业。入职雅虎公司两周后，公司的一台服务器出故障了。雅虎公司联合创始人大卫·费罗（David Filo）打电话给库姆。"我正在上课呢。"库姆小心翼翼地回答。"你在教室里能干什么？"费罗吼道，"赶快给我滚回办公室！"当时费罗手下只有一个小规模的服务器工程师团队，因此迫切需要人手。库姆表示："不管怎样，反正我也讨厌待在学校里。"于是他就此辍学。

2000 年，库姆的母亲因为癌症过世，这位年轻的乌克兰男孩从此成了孤身一人。他很感激阿克顿当时伸出援手，为他提供支持。"他会邀请我去他家。"库姆回忆说，两人经常一起去滑雪、踢足球、玩极限飞盘。

接下来的 9 年时间，两人一起见证了雅虎公司的起起落落。他俩都不喜欢跟广告打交道。"广告做得再好，也不能改善任何人的生活。"阿克顿说。在职业社交网站 LinkedIn 的个人资料中，库姆对自己在雅虎公司最后三年的工作描述，只用"做了部分工作"这一句话简略带过。

2007 年 10 月，两人从雅虎公司辞职，计划休整一年到南非游玩，然后再多花点时间玩飞盘。颇具讽刺意味的是，后来两人都曾向 Facebook 投过求职简历，但双双被拒。库姆在雅虎公司工作期间攒下了 40 万美元，他就靠这笔钱生活，开始了漂泊不定的日子。

想要放弃的时候，再坚持一下

2009 年 1 月，库姆买了一部苹果手机，开始使用苹果应用商店，这是一个正在蓬勃发展的新兴产业。库姆有时会到自己的俄罗斯好友亚历克斯·菲什曼（Alex Fishman）家里做客，菲什曼每周会邀请俄罗斯朋友们到自己位于西圣何塞的家中聚会、吃比萨、看电影，有时会有 40 人到访。有一次，两人站在菲什曼家厨房的桌子旁，边喝茶边讨论库姆对一款应用软件的想法，一聊就是几个小时。

"库姆给我看他的手机通讯录，"菲什曼回忆说，"他认为，如果能在每个人的名字旁边显示这个人当时的状态，那会很酷。"所谓的"状态"就是显示此人是否在通话中，手机的电量或者正在健身房健身等。

库姆可以设计出该服务的核心框架，但还需要一位苹果手机应用开发人员。于是菲什曼推荐他去找伊戈尔·所罗门尼科夫（Igor Solomennikov），所罗门尼科夫是一位俄罗斯软件开发者，他是菲什曼在程序员中介网站 RentACoder.com 上找到的。

库姆几乎马上就为自己的软件选择了"WhatsApp"这个名字，因为这个名称听起来像是在问"你好吗"（Whats up?）。一周后的 2009 年 2 月 24 日是库姆的生日，这一天，他在加利福尼亚州注册了 WhatsApp 公司，当时该应用甚至还没有开始编程。为了能让 WhatsApp 能够与全世界的电话号码同步，库姆花了很多时间编写软件。他仔细钻研了维基百科上的一份国际拨号前缀列表，成百上千的地区之间呈现出微乎其微的数字差别，这让库姆在几个月里备受煎熬，最终完成了这份列表更新。

早期版本的 WhatsApp 经常崩溃或死机。当菲什曼在自己的手机上安装这款应用时，发现自己的通讯录里只有为数不多的几个人下载了该应用。一次在圣何塞市的托尼罗马餐厅（Tony Roma's）吃牛排时，菲什曼谈起一些问题。库姆在他母亲留下的笔记本上做笔记，他一直还留着这些笔记本用来记录重要的事情。此时的库姆几乎想要放弃 WhatsApp，他喃喃地告诉阿克顿，自己需要再找一份工作。"你要是现在放弃，那你就是傻瓜，"阿克顿劝他，"再坚持几个月吧！"

2009 年 6 月，苹果公司推出了推送通知提醒，应用软件开发者可以通过推送通知，向用户推荐产品，这给库姆帮了大忙。库姆对 WhatsApp 进行了更新，这样用户每次更改状态时："正在健身，不方便接电话"，通讯录里使用 WhatsApp 的每个好友都可以收到提示信息。菲什曼的俄罗斯朋友们开始使用 WhatsApp 设置有趣的自定义状态，并且发送通知提醒其他好友，例如"我起晚了"或"正在路上"。

成功法则 YOU ONLY HAVE TO BE RIGHT ONCE

"有时候 WhatsApp 有点即时通信软件的意思，"菲什曼说，"我们开始使用它来打招呼'你好吗'，然后就会有人回复。"库姆在自己位于圣塔克拉拉市（Santa Clara）的联排别墅里，坐在苹果 Mac Mini 电脑前注视着好友的状态变化，意识到自己在无意间创造了一种新型信息服务。"使用自己随身携带的移动设备随时随地与世界任何角落的其他人沟通，这一功能相当强大。"库姆表示。

当时除了 WhatsApp 之外，黑莓手机自带的黑莓信使（BBM）也可以提供免费短信服务，不过只能在黑莓手机用户之间使用。此外还有谷歌公司的 G-Talk 和网络电话 Skype，不过 WhatsApp 的独特之处在于，该软件的用户名就是你的手机号，无须牢记任何密码。2009 年 9 月，库姆发布了新增局域网内免费聊天功能的应用版本，此后 WhatsApp 的活跃用户激增到 25 万人。

库姆需要人手，于是他找到了阿克顿。阿克顿当时仍然没有找到工作，一直在琢磨自己的创业构想，可是没有任何进展。10 月，阿克顿说服了 5 名曾在雅虎公司任职的朋友投资了 25 万美元的种子基金，并由此成为 WhatsApp 公司的联合创始人。11 月，阿克顿正式加入 WhatsApp。当时笔记管理软件印象笔记（Evernote）在山景城的市中心租了一个仓库改建的办公空间，WhatsApp 从中转租了一间办公室，又从宜家买了几张廉价的办公桌。他们披着毯子取暖，办公室外面也没有张贴任何标识。

"他们给我描述的路线是：先找到印象笔记的办公楼，然后绕到楼后面，看哪间办公室门上没有任何标识，敲门就是了。"迈克尔·多诺霍（Michael Donohue）是 WhatsApp 公司第一批从黑莓跳槽过来的工程师之一，他这样描述自己第一次面试时的情景。

在公司成立初期的那几年，库恩和阿克顿都没有薪水，公司早期最大的运营成本就是向用户发送验证短信的费用。两位创始人不定期地将 WhatsApp 应用的价格从免费更改为"付费"，从而避免公司的发展速度超过其订阅收入的增长速度。12 月，他们对苹果手机系统的 WhatsApp 应用进行升级，新增了传送照片的功能。两人吃惊地发现，尽管下载该应用要付费 1 美元，但用户数量仍在迅速增长。"你知道吗，我觉得我们的产品可以保持收费状态了。"阿克顿对库姆说。2011 年年初，WhatsApp 已经跻身多数国家苹果应用商店排名前 20 的热门应用之列。不过 WhatsApp 在美国的发展相对缓慢，因为该国手机用户热衷使用不限条数的短信套餐。

库姆和阿克顿拒绝了所有提出投资意向的投资者。阿克顿把求助风投资金看作一种不得已之举，但红杉资本合伙人吉姆·格奥兹花了 8 个月的时间，通过各种关系网，试图打动二人。格奥兹曾与 10 多家信息服务公司接触过，包括 Pinger、Tango 和 Baluga 等，但 WhatsApp 显然是其中的领头羊。而且让格奥兹颇感意外的是，这家创业公司竟然已经开始缴纳企业所得税。"这在我的风投生涯中，还是头一回看到。"格奥兹最终得以与库姆和阿克顿会面。两位创始人向格奥兹提出了一连串的问题，还明确表示 WhatsApp 上不欢迎广告。2011 年 4 月，两人最终同意接受红杉资本 800 万美元的投资，当时公司的市值估价为 8 000 万美元。

两年后的 2013 年 2 月，WhatsApp 已经拥有约 2.2 亿名活跃用户，员工数量也达到 30 人。阿克顿和库姆都认为是时候再筹集些资金了。"不怕一万，就怕万一，你永远也不想出现付不起员工工资的情况。"阿克顿回忆说，他的母亲曾经营货运代理生意，常常因为无钱支付雇员工资而彻夜难眠。

他们决定悄悄进行第二轮融资。红杉资本愿意再拿出 5 000 万美元，将持有的股份增至 25%，此时 WhatsApp 的估值已经达到了 15 亿美元。阿克顿当时将 WhatsApp 的银行账户存款余额截屏发给了格奥兹。图片显示，公司银行账户的余额为 825.7 万美元，这比他们在过去很多年赚得的所有钱加在一起都多。

与 Facebook 的斡旋与合作

再次回到 2012 年，在获得红杉资本 5 000 万美元的融资以及经历之后发生的一系列疯狂事件之前，库姆还在仔细考虑和扎克伯格共进午餐时谈到的事情。当时，他和阿克顿的银行账户里还有 800 万美元，两人都希望保持公司独立运营，所以自那以后，Facebook 提出两家公司合并的事不了了之。扎克伯格与库姆倒是成了朋友，差不多每个月都会一起吃饭。

接下来的 2013 年，WhatsApp 致力于实现争取 3 亿名用户的目标。当年 6 月，库姆和阿克顿偶然结识在谷歌公司负责安卓系统和 Chrome 浏览器的桑达尔·皮查伊（Sundar Pichai），他们谈起了对于简约式产品风格的热爱。2014 年年初，皮查伊推荐库姆和阿克顿与谷歌 CEO 拉里·佩奇（Larry Page）会面。两人欣然同意，并把会面时间定在 2 月 11 日，那是一个星期二。

那次会面前一周的星期五，WhatsApp 的一名员工匆忙向 Facebook 的企业开发部门主管阿明·哲福纳（Amin Zoufonoun）通风报信，告诉他库姆即将与佩奇见面。接到消息后，哲福纳立刻赶回公司，着手加速完成对 WhatsApp 的收购要约，此前 Facebook 已经花了一段时间制定这项收购计划。接下来的星期一晚上，扎克伯格终于把库姆请到自己家中，开诚布公地提出收购 WhatsApp 的想法。他明确表示会让 WhatsApp 继续保持独立运营，还邀请库姆加入 Facebook 董事会。"那是一种合作关系，而我会帮他做出公司的相关决策。关于那天讨论的各个方面，我们双方都很感兴趣。"库姆这样回忆道。

次日，库姆与阿克顿如约驱车前往坐落在山景城的谷歌总部，在谷歌那雪白锃亮的会议室里，两人和佩奇、皮查伊面谈。他们谈了一个小时，内容涉及全球移动领域以及 WhatsApp 的目标。"那次谈话很愉快。"库姆说，他还评价佩奇是个"聪明人"。

后来当被问到在那次交谈中，佩奇是否表达出收购 WhatsApp 的意向，库姆顿了顿，然后说："没有。"有没有暗示呢？"也许我不太擅长读懂别人的暗示。"库姆说。

事后有业内记者指出，即使佩奇有兴趣收购 WhatsApp，他与库姆的会面也太少，并且太晚了。而此时，Facebook 总部已经迅速展开行动。在 WhatsApp 公司，两位创始人和顾问正在一起估算与 Facebook 的谈判该怎么开价。据 WhatsApp 一位内部人士透露，比起金钱，库姆和阿克顿更在意公司的独立性。另一位消息人士则称，两位创始人认为 WhatsApp 至少价值 200 亿美元，这个数字是参照了当时 Twitter 300 亿美元的估值、WhatsApp 全球用户基数和公司未来盈利计划估算得来的。

星期四的晚上 7 时，库姆与阿克顿一同参加了扎克伯格的家宴，这是阿克顿第一次和扎克伯格见面。"我希望有一天你们的用户数量能超过我们，"扎克伯格在这次宴会上告诉两人，"你们做的是比 Facebook 更常用的东西。"扎克伯格表示，希望两位创始人继续现在的事业，而 Facebook 会提供法律、资金和技术方面的支持，助他们一臂之力。晚上 9 时，阿克顿回去陪家人了，库姆留下来和扎克伯格继续斡旋。据可靠人士称，扎克伯格开出了 150 亿美元或者更高的价码，但库姆说自己的期望值更接近 200 亿美元。扎克伯格要求库姆再给他一点时间考虑。

接下来的星期五是 2 月 14 日，库姆和阿克顿在他们的办公室为《福布斯》杂志拍摄了一组封面照片。下午 6 时 30 分，在摄影师离开后，库姆开着自己的保时捷跑车再一次来到扎克伯格家会面。有报道称，库姆破坏了扎克伯格的情人节晚餐，库姆对此表示否认："当时的情景并不是我破门而入，打断了点着蜡烛的浪漫晚餐。"而是当他们交谈完毕，库姆打算离开时，马克的妻子普莉希拉·陈（Priscilla Chan）才刚刚下班回家。库姆和扎克伯格边吃零食、边谈论合作细节以及 WhatsApp 被 Facebook 收购后的最为重要的独立运营问题，但当时两人的态度还没有完全达成一致。

星期六晚上，库姆和扎克伯格继续会面详谈，谈话地点从厨房换到起居室的沙发上，最后扎克伯格开价 190 亿美元，这正中库姆下怀。"那可能是我们最后谈妥的价格。"库姆说。

趁着扎克伯格离开房间的空当，库姆终于找到机会给待在家里的阿克顿打电话，当时是晚上 9 时。"我就是想确认下，你是不是还有其他打算，"库姆跟阿克顿讲了最终谈判的细节，"你还想更进一步吗？"

"我喜欢马克，"阿克顿回复说，"我们可以一起工作，那就这样吧！"

库姆走出房间，看见了扎克伯格。"我刚跟布莱恩通了电话，"库姆说，"他认为我们应该在一起工作，你人不错，我们应该做这个交易。"

两人握手拥抱。扎克伯格对这件事的评价是"兴奋得一塌糊涂"，他拿出了一瓶库姆最喜欢喝的尊尼获加蓝牌蓝方威士忌（Johnnie Walker Blue Label）。他们分别给自己的企业发展部门负责人打电话，喊他们过来处理相关事宜。大约一个小时后，库姆开着他的保时捷跑车回家睡觉。

那个周末，一群律师和银行家们忙得不可开交，以便在下个星期三早上之前将交易的相关文件全部签署完毕，因为签署双方那一天都要去西班牙巴塞罗那参加一年一度的世界移动通信大会。双方没有在 WhatsApp 总部签署最后协议，而是按照吉姆·格奥兹的建议，开车驶过两个街区来到莫菲特大道（Moffett Boulevard）101 号一栋废弃的建筑前，少年库姆曾在这里领取过社保机构发放的食品救济券。就在这栋建筑的大门前，库姆签署了收购文件。

回到办公室后，库姆用 WhatsApp 向公司聊天群组"WhatsApp All"发了一条消息，宣布下午 2 时在会议室召开全体员工大会。

"事情是这样的，"所有员工就位后，库姆发言，"我们和 Facebook 公司合并了，"库姆和阿克顿告诉深感震惊的员工们，"不过不用担心，WhatsApp 依然独立运营。"下午 2 时 30 分，会议室的大门打开了，扎克伯格走了进来。他对 WhatsApp 的员工简单说了几句话，然后和大家一一握手。随后，库姆和投资者们进行电话会议，然后大家就继续工作了。"我们仍然有一家公司要运营。"库姆说。这话不假。

完成收购后，库姆公开表态 WhatsApp 将继续独立运营，他说："我们仍然肩负一个使命。我们要向 10 亿用户、20 亿用户的目标迈进。在地球上的每个人都能与家人和朋友使用价格低廉又值得信赖的通信方式交流之前，我们不会停止前进的脚步。"

维持运营且避免用户流失

WhatsApp 公司要怎样才能让 Facebook 支付的 190 亿美元落到实处呢？这是对扎克伯格和库姆的考验。

首先，要确保该应用能够继续提供优质服务。在对外宣布收购计划之后的那个星期六，来自全球各地的用户都涌到 WhatsApp 的服务器注册账户，导致该应用瘫痪了 4 个小时。两位创始人表示这种情况纯属意外，但对于一家以可靠性著称的创业公司而言，这的确比较尴尬。库姆和阿克顿十分重视软件的运行稳定性，所以在圣诞节的前一个月里，没有人可以打扰负责维护 WhatsApp 服务器的工作人员，以便为即将到来的信息泛滥做准备。公司访客基本上不得进入办公室，唯恐他们让工作人员分心。办公室的一块白板上写着自上次故障或发生故障以来的正常运转天数，就像工厂那种写着受伤人数或死亡人数的公告牌一样。"每条信息就像是自己的孩子，"阿克顿说，"我们绝对不能遗漏任何信息。"而他本人刚为人父。他翻出一张 2012 年 4 月发到他手机里的、自己已故继父的照片，"这就是我痛恨 Snapchat 的原因"，因为在 Snapchat 这种"阅后即焚"的应用上，照片和信息在看过以后会被自动删除。

只要 WhatsApp 搞定简单的无线运营商付费方式，就将财源滚滚。库姆并不想因为复杂的付费操作惹恼用户，眼睁睁地看着他们转而投入提供免费服务的竞争对手的怀抱。目前，WhatsApp 在少数国家收费，这些国家的普遍使用信用卡，而且移动支付体系相对完善。而谷歌公司正在就所有安卓系统应用软件的收费方式与无线运营商进行谈判，但谈判进度十分缓慢：安卓系统通过运营商的收费方式只在全球 21 个国家推行，对其他应用开发者来说，更头疼的是移动支付手段仍然没有实现标准化。库姆认为，WhatsApp 到 2017 年就会实现真正的盈利，而且按照他的计划，那时的用户人数将达到 10 亿。"我们的盈利计划目前仍处于初期阶段，"WhatsApp 商业发展经理尼拉吉·阿罗拉（Neeraj Arora）说，"目前营收对我们来说还不是首要任务。"阿罗拉曾促成公司与 50 多家无线运营商的合作，从而将 WhatsApp 打包到无线运营商的短信套餐中。WhatsApp 公司还曾与手机制造商诺基亚就非商业性合作关系进行谈判，以期在诺基亚推出的廉价手机 Asha 210 上内置 WhatsApp 应用软件。

避免用户流失是 WhatsApp 的第二大任务。正是因为担心人们注意力的转移，扎克伯格才如此大手笔收购 WhatsApp，但这仍不能保证留住用户。"过去 5 年来，WhatsApp 一直致力于提供'免费短信服务'，而且在这方面取得了出色的成绩。但总有一天，用户们将不会止于原地踏步，"曾任黑莓手机工程师、后创立了广受年轻人欢迎的移动通信应用 Kik 的泰德·利文斯顿（Ted Livingston）说，"这就是为什么 WhatsApp 给我的感觉很像黑莓。多年来，黑莓公司一直心无旁骛地专注于电子邮件。但等到消费者明白了这一点后，他们又问：'接下来还有什么好东西？'苹果手机解决了这个问题，于是黑莓突然就被抛到了后面。"

如今，库姆的全部注意力都放在两件事情上：维持 WhatsApp 运转以及避免用户流失。每个月有几个晚上，他会提着健身包到圣何塞市一栋普通的炉渣砖砌大楼，走进一间灯光昏暗的健身房参加一对一的拳击课程。他的教练站在吵闹的、播放着饶舌乐的音箱旁，嘴里嚼着口香糖。"他很喜欢说唱歌手侃爷（Kanye）。"教练在一次采访中笑着对记者说。

教练将两个拳击手套高高举起，身高 1.89 米的库姆不断出拳，目标精准，力道颇大。每过几分钟，库姆会坐下来休息一会儿，他脱下拳击手套，查看阿克顿发来的关于 WhatsApp 服务器的消息。教练还表示，库姆非常专一，他不像其他很多学生那样玩自由搏击，他只是希望能够瞄准目标出击。就像 WhatsApp 仅提供特定的通信服务，而且追求极简风格，这就是库姆的风格。

库姆对此表示认同。他红着脸穿上袜子和鞋子："我只想把一件事情做到最好。"

YOU ONLY HAVE TO BE RIGHT ONCE

THE UNPRECEDENTED RISE OF THE INSTANT TECH BILLIONAIRES

06

如何让小众产品走向主流市场

尼古拉斯 · 伍德曼与GoPro

扫码关注“未来创客”

回复“GoPro”

查看相关视频

对于 Facebook 前总裁肖恩·帕克、云存储服务 Dropbox 创始人德鲁·休斯顿（Drew Houston）之类的计算机天才，人们很难有嫉妒之心，因为他们玩转互联网就像莫扎特弹奏钢琴，可以说是一种天赋。但对于"冲浪男孩"尼古拉斯·伍德曼（Nicholas Woodman）而言，他创业之初的动机只是想解决冲浪时怎么用相机自拍的问题，而如今，他是一位 40 岁的亿万富豪。作为极限运动摄像机 GoPro 的创始人，伍德曼给人们带来了两个启示：第一，科技令一切成为可能。上个时代，或许只有像柯达这样的老牌相机公司才能成功地将这个创意转化为现实——当然，他们也认为自己的企业能够想出这个创意。而如今，这一切在一个"大男孩"手中成为现实，所需要的东西，只是母亲修补衣服时的针线包和一家中国加工厂的电话号码。当然，再来一些社交网络宣传推波助澜也未尝不可。第二，勇气和智慧同样重要。伍德曼下定决心要做出 GoPro，为了节省时间，他靠能量饮料充饥，甚至直接朝门外小便。2013 年，《福布斯》杂志记者瑞恩·马克（Ryan Mac）跟随采访伍德曼，一路辗转于蒙大拿州的连绵山脉、加利福尼亚州北部冲浪圣地 Mavericks 的滔天巨浪和葡萄酒之乡的无尽天际间，从而得以亲眼见证这位"大男孩"的坚定决心。

06

如何让小众产品走向主流市场
尼古拉斯·伍德曼与 GoPro

尼古拉斯·伍德曼今年 40 岁，不过他那总是乱蓬蓬的棕色头发、永远半咧着嘴的淘气笑容，让他看起来顶多 29 岁；他举手投足间的欢快敏捷，让他看起来更像 19 岁的少年。发现这一点时，我们正飞行在落基山脉 9 000 米的高空之上。这天，伍德曼包了一架湾流（Gulfstream）III 型公务机，带上妻子吉尔、10 多位同事兼密友以及我，前往美国蒙大拿州高级私人滑雪场——黄石俱乐部。

一罐红牛功能饮料和一公升椰子汁下肚后，伍德曼在机舱内来回走动，时不时打断人们的谈话，发出他标志性的兴奋喊叫："噢……耶！"这时一位空乘人员用银盘盛着早餐端了上来。"你们知道清晨滑雪之旅最美妙的地方是什么吗？"他煞有介事地对着机舱里的人发问，"是麦当劳早餐！"话音未落，他就吞下了一个火腿鸡蛋芝士汉堡。

这种"大男孩"般的行事风格不仅仅是一种惯常举动，也是伍德曼能够成为美国最年轻亿万富豪之一的秘诀所在。10 年前，伍德曼渴望拥有一台能够绑在手腕上的便携式摄像机，这样他就能拍下自己的冲浪壮举并向哥们儿炫耀了，这一想法最终造就了 GoPro——美国目前发展最快的数码影像公司。

在任何户外运动胜地，不管是科罗拉多州范尔（Vail）滑雪场还是夏威夷檀香山恐龙湾（Hanauma Bay）浮潜区，你绝对能发现 GoPro 运动摄像机的影子。如今玩冲浪或极限滑板的青少年，已经不再使用普通摄像机拍摄运动现场了，而是用固定在头盔、车把或者冲浪板上的 GoPro 极限运动摄像机。GoPro 摄像机售价在 200~400 美元之间，其拥有的影院级效果全景"视角"镜头能够把普通的动作场面转变为精彩大片，而且你还不用担心买了它以后钱包缩水得太厉害。美国单板滑雪运动员肖恩·怀特（Shaun White）表示，过去他滑雪时把老式摄像机绑在手上拍摄，而在 2014 年冬季奥林匹克运动会期间，GoPro 摄像机帮了大忙；迈克尔·贝（Michael Bay）等好莱坞导演在片场拍电影时也大量使用 GoPro 摄像机；美国国家橄榄球联盟在球门区架线塔安装了 GoPro 摄像机用作测试，记录球员触地得分时的现场画面；滚石乐队在演唱会现场安装了 GoPro 摄像机；而美国军方和警察部门在训练演习中也开始使用 GoPro 摄像机。伍德曼本人把 GoPro 称为"记录人生重要时刻"的摄像机，两个儿子出生时他胸前都挂着 GoPro 进行现场拍摄，从而力证自己的观点。在前往蒙大拿州滑雪场的飞机上，伍德曼的员工团队在机舱的各个角度摆弄着 GoPro 摄像机，在飞行员头顶上也固定了一台，用来记录他们的旅程。

2004 年，GoPro 摄像机首度亮相。截至 2013 年，公司销量每年都会翻一番。如今，GoPro 的销售额占据全美数码摄像机市场总额的 45%。2013 年，公司卖出 380 万台摄像机，总营收额达到 10 亿美元。如此可观的销售额促使公司在 2014 年首次公开募股中成功融资 4.3 亿美元。

不过，在此之前，伍德曼已得贵人相助。中国电子产品制造商鸿海科技集团——也就是以大规模生产苹果手机闻名的富士康，在 2012 年 12 月向 GoPro 公司注资 2 亿美元，这使得总部位于加利福尼亚州圣马特奥市（San Mateo）的 GoPro 估值达到 22.5 亿美元，并让伍德曼成功跻身《福布斯》全球亿万富豪榜。GoPro 首次公开募股后，伍德曼仍持有该公司约一半的股份，其个人净资产约为 25 亿美元。

对于经营一家价值数十亿美元科技公司的 40 岁"大男孩"而言，这是一个令人目眩的人生转折点。此时，戴着豆绿色头盔的伍德曼，正在黄石俱乐部新修整的滑雪场上疾速滑行，这一刻，他显然找到了幸福的真谛。"噢……耶！"伍德曼那有些干裂和渗血的嘴唇发出兴奋的呼叫，而身上的 GoPro 摄像机记录下了他每一次弯道滑行。

为冲浪者创办一家腕带公司

伍德曼出生在硅谷豪宅区阿瑟顿（Atherton），父亲是金融经纪人，曾促成百事公司收购连锁餐饮品牌塔可钟（Taco Bell）。作为家里 4 个孩子中最小的一个，伍德曼的大脑里一直充满了奇思妙想。据老师们回忆，伍德曼是一个"超级自信"、"敢于挑战权威"的男孩。"他脸上总是挂着笑容，不是哈哈大笑，就是狡黠嬉笑，"伍德曼以前的棒球教练兼历史老师克雷格·斯库夫（Craig Schoof）说，"就好像是在表达'耶，好开心'，或者是'耶，好开心，我有一个主意哦'。"伍德曼曾跟一名生物老师赌 5 美元，称自己可以在 4 分钟内跑 1 000 米，最终他只花了 3 分 40 秒，获胜而归。

比起书本，伍德曼更喜爱运动，他的成绩维持在 B+ 上下，SAT 考试①得分也只是中游水平。伍德曼进入加利福尼亚州大学圣迭戈分校读大学，学校与阳光和海水相伴，他从此爱上了冲浪运动。"我记得，父母在这一点上并不是很支持我，"伍德曼说，"然而，如果不是出于迷恋冲浪的激情……我永远都不会产生创造一款腕上摄像机的想法。"

大学毕业后，伍德曼先是创办了一家在线游戏服务公司 Funbug，并获得 390 万美元的风投资金，但公司没能撑过 2000—2001 年的互联网泡沫破灭期。之后又过了很多年，他才再次萌生创业的想法。"除了大学时代的计算机科学与工程课，我之前从没有在任何事情上失败过，"伍德曼说，"所以那次创业失败后，我想，'老天，也许我真的做不成这件事。'"

为了重整旗鼓，伍德曼之后踏上了前往澳大利亚和印度尼西亚的冲浪之旅，这也是他打算在开始自己舒适而无聊的中产阶级生活之前，最后一次探索之旅。伍德曼自己动手制作了一套完美的冲浪拍摄设备，他用废弃的冲浪板皮带和橡皮筋把柯达一次性相机固定在手腕上，这样就能在完美的浪头出现时方便地拍摄。伍德曼在印度尼西亚结识了后来的密友兼 GoPro 现任创意总监布拉德·施密特（Brad Schimidt），施密特也是最早一批使用上述设备的人，他最初的观察结论之一是：伍德曼需要一款防水、抗击并且耐用的运动摄像机。尽情冲浪 5 个月后，精神抖擞的伍德曼重返加利福尼亚，心中埋下了一粒创意的种子。

时年 27 岁的伍德曼，搬到距离硅谷只隔几座山丘的莫斯海滩（Moss Beach），住在与人合租的房子里，开始了深居简出的生活。他暂时告别了从前的生活，切断了与家人和朋友的联络，把自己反锁在靠近海边的卧室里，全心全意地开始打造自己的第一款产品原型。他决定把自己曾经组装

---

① 美国高考。——译者注

的运动摄像设备开发到极致，于是找来钻孔机和母亲的缝纫机，开始了每天 18 个小时的工作日程。他背着一个驼峰运动水壶，里面装了一半佳得乐运动饮料和一半水，这样就可以省下走到厨房要花费的 30 秒钟时间。"我的房间有一道推拉门，外面是灌木丛，所以我要小便时只要拉开门就可以了。"伍德曼回忆说。他给了自己 4 年时间，如果不能成功，就彻底放弃创业，老老实实去找工作。"我特别害怕再次失败，所以我告诉自己，这次只能赢，不能输。"

"刚开始起步时，他的想法类似'我要为冲浪者们创办一家腕带公司'。"施密特承认，自己当时是持怀疑态度的。伍德曼补充说："那时我想，如果一年能挣上几十万美元，那可真是到了天堂了。"

除了缝合旧潜水服材料，在塑料上钻孔打洞外，伍德曼还不断地在网络和展销会上寻找一款合适的摄像机，以便进行改造并申请专利。最终，他选定了一款中国制造、售价 3.05 美元的 35 毫米胶片摄像机原型。伍德曼满怀希望地把这款摄像机和自己制作的塑料外壳连同 5 000 美元一并寄给了一家名为 Hotax 的加工厂。没多久，他就收到了实体模型，接着又花了几个月进行完善并改进。2004 年 9 月，伍德曼在加利福尼亚州圣迭戈举办的极限运动用品展销会上卖出了自己的第一台产品。

这是对伍德曼辛勤工作得来的成果的第一次肯定。不少好友很久都没有他的消息，冲浪男孩这次"潜水"的时间实在太长了。在伍德曼的室友兼首位员工尼尔·达纳（Neil Dana）的印象中，伍德曼是一位渴望成功的工作狂人。"我们在办派对时，"达纳回忆道，"他会突然走上楼梯并且当众喊道：'伙计们，快看这个，我们能靠它变成百万富翁！'"可他当时的全部家当也就几千美元而已。

GoPro 摄像机在首个销售年度实现了 35 万美元的销售额。伍德曼一人身兼产品工程师、研发负责人、销售员以及形象代言人数职，他和达纳跑遍全美的冲浪用品商店，四处推销产品，而剩下的产品还都堆在加利福尼亚州索萨利托小镇（Sausalito）他父亲的家中。2005 年，伍德曼三度出现在 QVC 电视购物频道，他还在那里遇到了知名塑身衣品牌 Spanx 创始人、当时还在创业后来也成为亿万富豪的萨拉·布莱克利（Sara Blakely）。"如果她还记得我，那可真是一个大惊喜，"伍德曼说，"有机会我想转告她，我们终于都闯出了一片天，仅凭这一点也值得击掌相庆。"

在公司的发展过程中，伍德曼一直回避风险资本的介入，这是当年 Funbug 创业失败留下的后遗症，也因为他不想让投资者干预公司运营。达纳说："他想尽可能长久地保持公司的私有化属性，这样他就能够随心所欲地进行'产品测试'，在管理公司事务方面也不必事无巨细地向董事会汇报。"

YOU
ONLY HAVE
TO BE RIGHT
ONCE
数说创业

公司刚起步时，伍德曼把自己积攒的 3 万美元都投了进去，他母亲投资了 3.5 万美元，他父亲分两次共投资了 20 万美元。此后，GoPro 开始盈利，到 2013 年年末，产品毛利率达到 37% 左右。直到 2011 年 5 月，GoPro 才从 5 家风投公司那里接受了 8 800 万美元的投资，其中包括电子制造服务供应商伟创力集团（Flextronics）前任 CEO 迈克尔·马克斯（Michael Marks）创建的睿悟资本（Riverwood Capital），以及迪士尼旗下的风投公司思伟投资（Steamboat Ventures），这为伍德曼、他的家人以及公司早期的管理人员带来了充足的可支配资金。

这也是伍德曼如今能够包下湾流 III 型公务机出行的原因。不过，他曾经一度睡在自己那辆 1971 年生产的大众汽车里，或是开着从彭斯克卡车租赁公司（Penske）租来的卡车，载着从家得宝家居连锁店（Home Depot）买来的工具去展销会搭建摊位，为了省钱，那些工具用完后还需要退回去。那段时间，伍德曼对参加展销会简直上了瘾，从圣迭戈到盐湖城，他在会展中心讨好各种业内高管，不断兜售自己的梦想。户外用品零售商 REI 是伍德曼迎来的重大突破，他花了好几个月的时间向该公司高管发信息和进度报告，直到这家户外用品巨头终于让步，GoPro 由此获得了一份强有力的品牌背书。不过，GoPro 目前的官方正式名称仍是伍德曼实验室（Woodman Labs）。

2007 年，GoPro 的营收额只有几百万美元，这让伍德曼陷入信心危机。他担心自己"无法带领公司更进一步"，于是打算将公司的多数控股权转让给一批外部投资者。如果不是因为 2008 年的金融危机，那笔交易很可能真的成交了。投资者希望调低对 GoPro 的估值，这一点伤了伍德曼的自尊心，他硬起腰杆拒绝了这项交易。"我们当时还处在增长阶段，发展势头良好，经济危机根本不影响公司业务。"伍德曼表示。那一年，GoPro 迎头赶上，营收额超过 800 万美元，并且此后一直保持这种增长态势。接下来的转折点出现在 2010 年，大型家用电器和电子产品连锁集团百思买（Best Buy）引进了 GoPro，伍德曼的得意之作开始进入主流市场。

从小众爱好走向主流市场

在号称"长空之乡"的蒙大拿州滑雪之旅刚刚结束三天后，几名 GoPro 团队成员和我已经身处距离加利福尼亚州半月湾（Half Moon Bay）海岸 800 米的一艘美国海军海豹突击队（Navy Seals）专用船上了。在离我们 200 米开外的冲浪胜地 Mavericks，全球最顶尖的冲浪者们在追逐巨浪，他们的装备除了冲浪板和征服狂澜的雄心外，当然还有 GoPro 摄像机。

我们身处一支由 40 艘救生艇、游艇和橡皮艇组成的小型船队之中，从船上望去，10 多米高的浪头掀起又拍散，浪花飞沫和柴油废气交相混杂。当初，伍德曼就是在这片冰冷的海域附近，对 GoPro 第一款原型产品进行测试。环顾四周，GoPro 摄像机无处不在，冲浪者把它衔在嘴上，观众把它举在手中，骑着水上摩托车穿行的救援人员把它固定在头盔上。"看，那边是 GoPro 公司的船，快拍他们呀！"一位游客在远处的船上喊道，接着就把手里的灰色 GoPro 摄像机对准了我们。几个小时后，我们的船和冲浪现场的景像就被传到 YouTube 上成了热门视频。

不得不说，**与社交媒体的紧密互动，是 GoPro 摄像机从小众爱好走向主流市场的重要推动力。当极具号召力的运动员使用 GoPro 拍摄运动画面时，这种视频会形成病毒式传播。**对那些仅仅享受周末户外运动的业余爱好者来说，这是他们在社交网络上出名三分钟最便捷的方式。

虽然伍德曼本人没有 Twitter 账户，在 Facebook 上也不算活跃，但他每年都会在这上面花费数百万美元的广告费，以确保 GoPro 和那些令人血脉贲张的运动视频成为社交网络的热门话题。比如，在 GoPro 的见证下，单板滑雪运动员肖恩·怀特完成 1 080° 大翻转；身上安装了 5 台 GoPro 摄像机的高空跳伞运动员费利克斯·鲍姆加特纳（Felix Baumgartner），从平流层高空纵身跳伞，完成了人类的壮举。"我们创造了世界上最具魅力和最令人兴奋的消费品牌之一，这在很大程度上也归功于消费者利用 GoPro 拍摄出的精彩画面。"伍德曼说。GoPro 在视频网站 YouTube 上开设的频道吸引了 5 亿次点击观看，其 Facebook 主页获得 750 万次"点赞"。

如何让小众产品走向主流市场
尼古拉斯·伍德曼与 GoPro

"看到这么多人玩 GoPro 很有趣，这种现象很容易理解，并且对 Go-Pro 的品牌宣传大有益处，"冲浪选手凯利·斯莱特（Kelly Slater）说，他是 GoPro 赞助的众多运动员之一，"GoPro 已经迅速影响了人们的观念，就像邦迪创可贴和 Q-tip 棉签品牌那样耳熟能详，现在人们提到运动视频时，会自然而然地想到 GoPro，或者认定那是用 GoPro 摄像机拍摄的视频。"

GoPro 的竞争对手们最早认识到了这点。运动摄像机 iON Worldwide 创始人乔瓦尼·托马塞利（Giovanni Tomaselli）认为，伍德曼凭借其个人创新"理应成为一名亿万富豪"，iON Worldwide 公司在 2012 年推广其首款产品时也"沾了 GoPro 的光"。但他表示不甘示弱："我们并不认为，这块市场会形成 GoPro 一家独大的局面。"

此外，也有一些人认为这个市场无法长久存续下去。智能手机的普及削减了人们对便携式摄像机的需求，曾经惨遭失败的 Flip Video 摄像机就是一个例子，而智能手机未来的发展也可能再次取代 GoPro。硅谷风险投资家克雷格·格雷奇（Creg Gretsch）把 GoPro 称作"昙花一现的机遇"。"GoPro 的问题在于，它是一家硬件制造商，但这个世界正迅速向以智能手机为代表的上游平台发展，"格雷奇还指出，"如今每天都有成百上千的开发人员在为苹果手机和安卓操作系统编写软件。"

与此同时，GoPro 还必须与业内巨头们斡旋，因为后者终于注意到了它的成功。2012 年 9 月，索尼公司推出首款运动摄像机，并将产品定位为"稳坐市场第二把交椅"，其产品拥有的画面稳定性以及立体声音效等功能是 GoPro 目前所不具备的。"我们是一家以制造摄像机为导向的公司，"索尼公司产品经理格雷格·赫德（Greg Herd）表示，"而 GoPro 是一家以组装为导向的公司，它们还需要去采购摄像机。"

伍德曼表示，他开创的这个市场足以容纳多家公司。他沉浸在胜利的喜悦中，甚至还不知道在 2012 年 12 月的百思买卖场中，GoPro 销量完胜索尼的统计数据。"索尼第一次被打败，而且是被我们的 GoPro？"伍德曼故作夸张地问道，"棒极了！"

不过，伍德曼有自知之明，他很清楚 GoPro 必须不断进步和完善。这就是为什么 GoPro 和富士康达成协议，引入后者作为重要的战略合作伙伴，并且完成首次公开募股成功登陆华尔街。"成为上市公司能否让我们在竞争中处于更加有利的位置呢？"伍德曼再次咬文嚼字起来，"那就让我们拭目以待吧！"

捕捉生命中的珍贵时刻

与富士康达成协议两个月后，伍德曼又开始高呼"棒极了"，这一次是在离地面 600 多米的飞机开放式座舱里，在那里开口讲话都有些困难。伍德曼乘坐着第二次世界大战时期的复翼飞机，翱翔在加利福尼亚州索诺玛县（Sonoma County）的葡萄庄园上空，欣喜若狂地挥动着双臂。飞行员在空中开始桶滚特技表演时，伍德曼丝毫不受影响，而容易令人眩晕、呕吐的锤头转弯特技开始时，他再次发出标志性的兴奋喊叫以表达敬意："噢……耶！"喊声瞬间就被飞机螺旋桨的巨大噪声所吞没。

征服了高山和大海后，如今的伍德曼希望 GoPro 能够成为一款捕捉"生命中珍贵时刻"的绝佳设备。尽管他并不是唯一拥有这种想法的人。"我的未来愿景是，为全球消费者打造一个互联网生态系统，让他们能够随时随地在任何设备上获取、分享、观看和创造各种内容，并且要轻松便捷，花费也不多，"富士康 CEO 郭台铭表示，"而 GoPro 非常适合做这个。"

那将是一次巨大飞跃。但 GoPro 目前仍然沿着原有轨道继续发展，而且还会继续保持这种发展态势，直到为其产品找到新的用途和市场。伍德曼表示："如果我们能成为全世界极限运动摄像产品的领先者，那么 GoPro 的未来仍然前途无量。"当伍德曼背上降落伞从那架复翼飞机上一跃而下时，装在他全身各处的 8 台 GoPro 摄像机记录下了他落地时所说的第一句话："这感觉真不赖！"

YOU ONLY HAVE TO BE RIGHT ONCE

THE UNPRECEDENTED RISE OF THE INSTANT TECH BILLIONAIRES

07

如何将初创公司做大做强

德鲁·休斯顿与Dropbox

扫码关注"未来创客"

回复"Dropbox"

查看相关视频

德鲁·休斯顿的全部商业教育都来自大学里的兄弟会生涯。如果你是一名不走寻常路的计算机码农，这样说显然是有道理的。作为麻省理工学院的学生，吃腻了宿舍微波炉加热的快餐，休斯顿决定自己创业，成为一个有钱人。此时万事俱备，就差一个好点子。机遇说来就来——有一天，他带着笔记本电脑，却在大巴车上束手无策，因为他需要的资料存储在另外一台电脑上。此后不久，互联网上就诞生了基于云技术的文件存储分享服务。2011 年年末，当《福布斯》杂志记者维多利亚·巴雷特（Victoria Barret）遇到了休斯顿时，他创建了 4 年的 Dropbox 已经拥有约 5 000 万名注册用户，成为他们存储照片和文件的数据仓库。随后，休斯顿作为封面人物登上了那一期的《福布斯》杂志，引起一时轰动——这位身价暴涨到 6 亿美元的 26 岁年轻人的访谈文章，引发了超过 100 万次的网络点击量，而休斯顿只不过刚刚起步而已。在之后不到 3 年的时间里，Dropbox 拥有了约 3 亿名用户。2014 年 4 月，一笔高达 3.25 亿美元的新一轮融资为休斯顿带来了充足的"战备资金"，足以让他进入企业市场。这笔融资使休斯顿的公司市值达到了 95 亿美元，同时令这位不到 30 岁的创业者的净资产达到了 14 亿美元。如果 2015 年该公司按照预期上市，这些数字将继续攀升。"我必须学习如何将公司做大做强。"休斯顿说。的确如此。

07

如何将初创公司做大做强
德鲁·休斯顿与 Dropbox

关于史蒂夫·乔布斯，有个鲜为人知的故事，说的是他想收购一家感兴趣的公司，却惨遭拒绝。乔布斯当时一直在追踪一个名叫德鲁·休斯顿的年轻的软件开发者，后者通过反向工程破解了苹果的文件系统，并把自己的创业公司的标志——一个打开的箱子优雅地嵌入其中。此举令休斯顿成功闯入了苹果公司的视野，因为当时连苹果公司的精英团队都无法做到这一点。

2009 年 12 月，在位于加利福尼亚州库比蒂诺的苹果总部办公室，乔布斯会见了休斯顿及其合作伙伴阿拉什·费尔多西（Arash Ferdowsi）。"那可是史蒂夫·乔布斯啊，"休斯顿回忆说，"我去之前都不知道该怎么准备。"当休斯顿拿出自己的笔记本电脑准备演示的时候，身着标志性牛仔裤和黑色高领毛衣的乔布斯很酷地摆了摆手，叫他不必麻烦："我知道你是干什么的。"

休斯顿所做的事就是提供数据存储服务的 Dropbox，当时其用户已经激增到 2.75 亿，并还在以每秒一个用户的增长速度飙升。乔布斯非常有先见之明地发现了这棵好苗子，想将其收为苹果公司旗下的战略资产，可休斯顿却让乔布斯的美梦破灭了：他表示，自己决定创建一家大公司，因此哪怕开价者是自己一直崇拜的英雄乔布斯，价格是如此诱人的 9 位数

（当时休斯顿和费尔多西并不富裕，还是开着租来的丰田汽车去见乔布斯的），他都不会卖掉 Dropbox。

乔布斯温和地笑了，并且告诉他们，苹果将会打入他们所在的市场。"他说，Dropbox 只是开发了一种功能，还不能算是一个产品。"休斯顿说。在接下来的半小时内，乔布斯礼节性地一边品茶，一边与他们谈论自己重返苹果的经历，以及为什么不要信任投资者云云，而这两个年轻人则不断向乔布斯提出问题。准确地说，主要是休斯顿在提问，费尔多西在一边听。因为这两个人的性格恰恰相反，一个活跃健谈，另一个沉默寡言。

随后，乔布斯提议下次在 Dropbox 的旧金山办公室会面，休斯顿建议改在硅谷。"为什么要让敌人打入内部呢？"休斯顿颇有些自得地耸耸肩。不过此后，乔布斯那边就没了下文。直到 2011 年 6 月，乔布斯在 iCloud 云存储发布会上的最后一次主题演讲中，明确地抨击了 Dropbox 在解决互联网存储难题方面的不成功尝试：你如何把各种设备上的全部文件都汇总到一个地方？

休斯顿对这次指责的反应就没有那么自得了："糟糕！"第二天，他给全体员工发邮件："我们是世界上发展最迅速的公司之一。"邮件开头是这样写的。紧接着话锋一转，他列举了一系列如流星般闪耀但却转瞬即逝的公司：MySpace、Netscape、Palm 和 Yahoo。

Dropbox 的迅速崛起令人惊讶。2011 年，其注册用户为 5 000 万，是 2010 年的三倍。该公司还成功解决了"免费增值"模式的谜题：尽管 96% 的用户免费使用该服务，但当年公司的营业收入仍有望达到 5 000 万美元——已经足够实现盈利了，休斯顿说。Dropbox 只有 70 名员工，其中大部分是工程师，那么每位员工创造的财富额几乎是业内最受瞩目的商业宠儿——谷歌的三倍多。

前景越来越好。那 96% 的不付费用户不断把自己的文件存储到 Dropbox 上，以至于每天都有数千名用户突破 2G 的免费存储空间限制，从而付费升级到每月 10 美元 50G 或 20 美元 100G 的空间。我们就此跟休斯顿算了一笔账，指出就算接下来一年都没有增加一名新用户，营收额仍然会翻倍。的确，2013 年，Dropbox 实现了大约 20 亿美元的营收额。休斯顿当时停下来，展望了一下这必然实现的美好图景："不过，还是有很多用户注册了我们的服务。"到 2014 年年中，Dropbox 拥有约 30 亿名用户。

放手一搏，做大做强

当 "Dropbox" 变成了一个动词，人们已经习惯说 "我要 Dropbox 一下" 时，硅谷将目光聚焦在了这家公司身上。到 2008 年，休斯顿已经筹集了 720 万美元的资金，它足以使公司进入稳健的商业模式并且逐渐发展起来。2011 年 8 月，休斯顿决定大举融资，放手一搏。他邀请了硅谷的 7 家精英级的风险投资公司到 Dropbox 位于旧金山的办公室进行为期 4 天的考察，并要求他们下个星期二之前提交投资意向书。

只有一家风投公司很快表明了投资意向。就在截止日期前一晚的午夜，Dropbox 的商业发展主管（之前也是一位风险投资人）建议休斯顿要么推迟这轮融资，要么干脆将其取消。休斯顿回复说："急什么，我们说的时间是星期二，现在还没到星期二呢。"

果不其然，第二天早上，所有风投公司都饶有兴趣地回来了。2011 年9 月，休斯顿与它们达成了最终协议，由指数创投公司（Index Ventures）牵头，红杉资本、格雷洛克风投公司、标杆资本投资公司、加速合伙公司、高盛和 RIT 资本（RIT Capital Partners）参与投资。很多公司都打破了通常情况下的投资额上限，只为能分一杯羹。该事件很快成为硅谷传奇：当时市场正处于疲软状态，而休斯顿坚持只与顶级的风投公司合作，这使得公司估值略有萎缩，尽管如此，创建仅 5 年的 Dropbox 仍然获得了高达 2.5亿美元的融资，以及价值 40 亿美元的估值。"这家公司炙手可热，"一位没能'插'与融资的优秀投资人说，"人人都想'插'一脚。"据估算，休斯顿拥有的 15% 的股份其账面价值可达 6 亿美元。

交易达成两周后，休斯顿靠在自己的高级办公椅上，对面挂着一面定制的霓虹招牌，上面写着"它就是这么好用"，其中"好用"二字特意用蓝灯突出显示。休斯顿正在思考，新筹集的 2.5 亿美元资金该怎么用。他们现在只有一间办公室，位于铺满沙石的旧金山市场街，不过很快就要搬到 790 平方米、能够俯瞰旧金山海湾的新办公室，员工也要从 70 个增加到 200 个了，不过基于公司的规模，这个数量依然少得惊人。到那时，休斯顿就能看到，自己究竟是能够实现当初向乔布斯所做的"创建一家大公司"的宣言，还是会像乔布斯预言的那样，步 MySpace 之类公司昙花一现的后尘。"我必须学习如何做大。"休斯顿说。

来自兄弟会的"商学院教育"

在一个星期一的晚上，不到 12 时，休斯顿把自己最爱的午夜酒吧——旧金山 W 酒店的吧台变成了兄弟会的联谊会现场。这可是名副其实的兄

07

如何将初创公司做大做强
德鲁·休斯顿与Dropbox

弟会，第一个到场的是亚当·史密斯（Adam Smith），他曾经是麻省理工学院 Phi Delta Theta 兄弟会分会的成员，后来辍学创建了电子邮件搜索公司 Xobni；随后到来的是克里斯、杰森和乔，乔的手臂上有个 Dropbox 文身，因为他认为"德鲁正在改变世界"，不少麻省理工学院的兄弟，目标都是实现曾经在校园所在地、东海岸的小镇坎布里奇做过的"加利福尼亚州梦"，那就是"挣大钱，喝美酒，泡美女"。史密斯和休斯顿各有女友相伴，他们喝着加利福尼亚州产的比诺葡萄酒，回忆起大学暑假时一起编程的日子：由于宿舍空调坏了，他们只能穿着短裤奋战。"真怀念那时候啊，"休斯顿搂着史密斯的肩膀笑着说，"就只有我和我的代码而已，没有招聘和解雇的烦心事。"

休斯顿显然从这个团队中汲取了不少力量——他甚至还跟史密斯和其他 10 个创业者搬进了旧金山市区的同一所公寓，重建了兄弟会般的生活。如果对比尔·盖茨、迈克尔·戴尔、马克·扎克伯格等人来说，从大学辍学是一个转折点的话，那么对休斯顿来说，大学给他带来了相同的颠覆性影响，尤其是大学里的兄弟会生活。

归根结底，那种"只有我和我的代码"的模式深深植根于休斯顿的基因之中。他的父亲是毕业于哈佛大学的电气工程师，母亲在一所高中做图书管理员。成长于波士顿郊区的休斯顿，5 岁时就开始摆弄家里的 IBM 初级个人电脑。他的母亲非常敏锐地据此推测，儿子在未来很可能变成一个写代码的"宅男"，于是强制休斯顿学习法语，跟爱好运动的孩子们一起玩，并拒绝他在学校里跳级。在新罕布什尔州度暑假的时候，母亲还把他的电脑收走，哪怕休斯顿抱怨说在森林里待着太无聊。"我猜，她很希望我像'正常'的孩子那样生活，如今我很感激这一点。"休斯顿说。

14 岁时，休斯顿参加了一个网络游戏的内测，并开始帮忙修补安全漏洞。这家游戏公司很快便聘请休斯顿作为网络程序员，并给予他部分股份作为回报。那一年，在一次学校大会上，一位演讲者问所有学生："谁清楚自己长大后想干什么，请举手。"休斯顿是在场 250 个学生中唯一举手的人。"我想让他们点名问我，可那只是说说而已。我想拥有一家电脑公司。"在整个高中和大学期间，休斯顿都在创业公司实习，Dropbox是他经历的第 6 家创业公司。

在麻省理工学院读大一时，他母亲先前的努力还是以失败告终了。大部分时间，休斯顿都在忙着编程。不过，他最终受到了哈佛大学心理学教授丹尼尔·戈尔曼（Daniel Goleman）《情商》（Emotional Intelligence）一书的影响，意识到要想运营一家公司，"光靠智商是不够的"。因此，在接下来的暑假里，他一直待在兄弟会的天台上研读商业书籍。"没有人天生就是 CEO，可没人会这么告诉你，"休斯顿说，"杂志上写的故事总是过分夸张，就像扎克伯格一觉醒来，就想重新定义整个世界交流的方式并建立一家价值数十亿美元的公司，但事实并非如此。"随后，休斯顿又申请成为兄弟会的招募新人和社交负责人。"这就像项目管理的速成课，还可以学会如何用人。"不过，在他的室友乔的回忆中，故事却有另一个版本，"当初根本没人愿意去做那件事"。

2006 年 9 月，亚当·史密斯辍学前往旧金山，创建了 Xobni 公司，这令休斯顿深受触动。"如果他能做到，我也能，"休斯顿说，"我想实现自己的梦想，也吃腻了宿舍里的微波炉快餐。"至此，休斯顿完成了来自兄弟会的"商学院教育"。

找一个孵化器，找一个联合创始人

3个月后，在前往纽约的一辆大巴车上，Dropbox 的创意诞生了。当时，休斯顿正从波士顿赶往纽约，准备利用4小时车程来工作，却发现自己忘带了存储资料的U盘，只好对着笔记本电脑干瞪眼。沮丧过后，休斯顿立即着手研究通过网络同步文件的技术。4个月后，休斯顿飞到旧金山，向硅谷顶级创业孵化器——YC创业营的创始人保罗·格雷厄姆推销自己的创意。

但是格雷厄姆坚持，休斯顿在提交申请前应该找到一位联合创始人，并给了他两周时间去寻找合适的人选。一位朋友向他推荐了在麻省理工学院读计算机科学的费尔多西，后者是出生于伊朗裔难民家庭的独子。回到波士顿后，休斯顿和费尔多西谈了两个小时，紧接着，用休斯顿的话来说，就是"第二次约会后就举办了婚礼"。费尔多西为此毅然辍学，那时离他大学毕业只剩6个月。

Dropbox 从 YC 创业营那里拿到了1.5万美元的创业基金，足够租一间公寓并购买一台苹果电脑了。为了让 Dropbox 能够在所有电脑上运行，休斯顿每天工作20个小时，试图通过反向工程把苹果电脑研究透彻。

成功法则 YOU ONLY HAVE TO BE RIGHT ONCE

Dropbox 解决了一个令人头疼的难题。如今，人们往往会随身携带一到两部手机，或许还有一台平板电脑，却有很多文件分散存储在多种不同的台式机、笔记本电脑或手机上。"如今的电子设备都逐渐趋于智能化了，比如你的电视机和汽车，那就意味着零散的数据资料也越来越多，"休斯顿说，"需要有一套网络系统把所有的设备都连接起来，这就是我们提供的服务。"

只需下载 Dropbox 应用软件，用户就可以将任何文件迅速上传到"云端"。存储文件后，用户可以使用任何设备查看该文件，还可以邀请其他人访问。在一台设备上更新文件后，其他设备也会实现同步更新。

几个月后，休斯顿和费尔多西在 YC 创业营的大会上展示了 Dropbox。很快，一位看起来很精明的男子用波斯语和费尔多西攀谈起来。这位男子名叫佩吉曼·诺扎德，早在互联网泡沫时代就已通过投资人的身份进入互联网界，主要通过把手中的商业地产转换成互联网创业公司里的股份发家，在线支付平台 Paypal 就是他的代表作之一。诺扎德在自家经营的地毯店里办公（"我本来还以为是开玩笑的。"休斯顿说），并在店铺后的房间里用波斯茶招待了这两位年轻人。没过几天，诺扎德就带休斯顿和费尔多西到了红杉资本的办公室，并对这家投资过谷歌和雅虎的知名风投公司虚张声势，称 Dropbox 已经受到多家风投公司的青睐。"他简直就是我们的皮条客。"休斯顿笑言。

接下来那个星期六的早上，红杉资本的高级合伙人迈克尔·莫瑞茨（Michael Moritz）出现在休斯顿和费尔多西的公寓里。"他们都还睡眼惺忪。"莫瑞茨回忆说。比萨盒子堆满墙边，地毯则在墙角乱成一团。莫瑞茨建议自己的合伙人达成这项投资协议，Dropbox 因此获得了 120 万美元的资金。"我发现不少公司都涉足了这块业务，比如 Plaxo。我敢说，大公司肯定会进入这个市场。不过我打赌，休斯顿和费尔多西拥有的才华和激

07

如何将初创公司做大做强
德鲁·休斯顿与 Dropbox

情足以打败这些对手。"莫瑞茨说。

此后一年的时间里，休斯顿和费尔多西这两个完美主义者几乎夜以继日地工作。有一次，休斯顿到处搜寻一份瑞典版的 Windows XP 系统，因为它拥有一种独特的编程习惯，使得 Dropbox 的运行略微迟缓；费尔多西则让一名设计师花几个小时调整 Dropbox 的图标在苹果电脑文件系统中显示的色彩对比，这个图标最初看起来比苹果电脑上的其他图标暗一些，这困扰了费尔多西好几个星期。"我是这些部分的把关者，"费尔多西说，"一切细节都必须做到尽善尽美。"

Dropbox 一直保持着精干的规模，这使得该公司平稳地度过了经济危机。2008 年，公司有 9 名员工和 20 万名用户。两年半后，员工只增加了 5 名，而用户却增长了 10 倍。

休斯顿和费尔多西再次变换了办公地点，并经常在办公室里通宵加班。他们认真地回复每一封客户服务邮件，却不理会来自风投公司的信息。他们对待广告宣传的态度也很敷衍。"按道理，我们应该雇用一名市场专员，购买谷歌付费搜索营销广告，"休斯顿说，"可我们却搞砸了。"那时候，吸引一位用户注册要花 300 美元。他们面临的挑战是，要推广的产品解决的是很多人还没有意识到的难题，更别提上网搜索其关键词了。从一开始，费尔多西就坚持要在 Dropbox 的网站主页上放一个简笔画风格的视频，以展示该产品的用途：不用标明产品特性和价格信息，只是讲述一个人在非洲旅行时丢失了全部行李后的遭遇。

他们放弃了打广告，而决定把现有的很少一部分忠实用户转变为销售人员。用户每推荐一个新用户注册，就可以获得 250M 免费空间。25% 的新用户都是通过这种方式加入 Dropbox 的。雪球越滚越大，不到两年半的时间，Dropbox 的估值就达到了 40 亿美元。

2011 年夏天，一个新机遇再次出现在休斯顿面前，当时他正在参加风险投资人罗恩·康韦（Ron Conway）在加利福尼亚州的海滨别墅"美景宫"（Belvedere）举办的午餐酒会。正当休斯顿认真地解说 Dropbox 的功能时，有人突然打断了他——就像多年前史蒂夫·乔布斯那次一样："我知道，我一直在用呢。"这个人不是科技公司的 CEO，而是"黑眼豆豆"组合（Black Eyed Peas）的说唱歌手威廉姆·亚当斯（William Adams），他告诉休斯顿，自己利用 Dropbox 和音乐制作人大卫·库塔（David Guetta）一起创作了热门歌曲 *I Gotta Feeling*。

这种令人欣喜的奇闻异事层出不穷：一位在期末考试期间遭遇电脑死机的学生写道："多亏了 Dropbox，不然我可能无法从法学院毕业，最后沦落到睡在天桥底下。"一家位于意大利威尼斯的手表设计公司通过 Dropbox 与位于阿根廷门多萨（Mcndoza）的设计师合作设计新系列，而那些庞大的 3D 文件被稳妥地存储在云端。海地大地震的救援人员实时更新伤亡人员名单，并利用 Dropbox 与迈阿密以及其他城市的相关人员共享信息。专业体育团队利用 Dropbox 存储对手的比赛视频，不管去哪里比赛都可以调出来参考。2011 年的感恩节，一向低调的费尔多西穿着一件印有"Dropbox"字样的连帽衫，在老家堪萨斯城的一个游乐场被一群追星少年团团围住。"那个时候我才知道 Dropbox 有多火。"费尔多西说。

你的数据会跟着你走

休斯顿认为，Dropbox 正在引领计算机革命的新潮流，那就是人们将摆脱文件存储的束缚，"你的数据会跟着你走"。

为了完成这个艰巨的任务，Dropbox 必须管理海量数据，应对纷繁复杂的状况——同时还要让该服务的使用者感觉轻松简便，完全觉察不到这些复杂的难题。2011 年年底，当《福布斯》记者采访休斯顿时，每天都有 3.25 亿个文件被存储到 Dropbox 上，其中包括旧的和新创建的文件，它们都需要被流畅无阻地传输到任何其他设备上。到 2013 年年初，文件数目增长到了 10 亿。休斯顿及其团队已经打入 18 种操作系统、4 种浏览器和 3 种手机软件系统。哪怕最不起眼的软件出现更新，他们都要确保 Dropbox 在其上运行无阻。2011 年 6 月的一次密码泄露事件导致 68 个账户受到影响，从而凸显了休斯顿面临的风险，毕竟这家公司握有通向 5 000 万名用户资料的保险库的钥匙。"我无法用语言表达自己深深的愧疚，"他亲自发电子邮件向密码被泄露的用户致歉，并附上了自己的手机号码，他说，"Dropbox 就是我的生命。"

此外，还存在着竞争问题。休斯顿历数了一遍自己的竞争对手："除了苹果、谷歌、微软、亚马逊这些大公司，还有 IDrive、YouSendIt、Box. netz 等创业公司，甚至连电子邮件服务也包含其中……人们会用电子邮件给自己发送各种信息。"休斯顿相信，Dropbox 会在 5 年内彻底打垮备份产业，但他最为忌惮的还是 iCloud，因为后者必定会在上亿的 iPhone、iPod 和 iPad 用户中进行大力推广，此外，还有谷歌推出的云端硬盘。不过，自从休斯顿的偶像乔布斯去世后，苹果公司内部已经显得不那么齐心协力了，所以 Dropbox 目前还处在业内龙头地位。

为了在残酷的市场竞争中胜出，休斯顿不惜斥巨资保障 Dropbox 服务的普遍性。通过与手机制造商 HTC 达成协议，休斯顿使得 Dropbox 成为其生产的每一部安卓手机中默认的云存储选项，以此抵御谷歌的冲击。Dropbox 还与其他手机、电脑和电视机制造商不断展开合作。休斯顿特意聘请了一个团队，其主要任务是根据设备需求对 Dropbox 进行微调。数百个外部开发商正在为 Dropbox 量身打造各种应用。

休斯顿需要委派更多的任务给下属，可能由于事必躬亲的操劳，他那短硬的栗色头发中已经出现了一些白发。直到 2014 年 4 月，这位在大学兄弟会中接受了商业管理教育的"毕业生"还兼任公司的首席财务官。而对那个职位放手，正是从创业公司的"编程宅男"迈向科技大亨道路的重要一步。

2011 年秋的一个晚上，休斯顿无意间瞥见了自己未来的生活，当时他正与马克·扎克伯格共进晚餐，一起分享丰盛的野牛肉。扎克伯格当时宣称，他只吃自己亲手宰杀的动物，引起不少人的嘲讽。两人还一起探讨了合作的策略。走出扎克伯格在 Facebook 上市之前购买的具有帕洛阿尔托风格的简朴住所时，休斯顿很清楚，自己正走在成为一家大公司 CEO 的路上，就像他曾经告诉乔布斯的那样。这时，休斯顿注意到，扎克伯格的住所外停着安保人员的车，想必有人日复一日地守在这里，他不禁产生了些许犹疑："我不知道自己是否愿意过这样的生活。"

YOU ONLY HAVE TO BE RIGHT ONCE

THE

UNPRECEDENTED

RISE OF THE

INSTANT TECH

BILLIONAIRES

08

如何在与传统巨头的竞争中脱颖而出

亚伦·列维与Box

一名 20 多岁的创业者获得了迄今为止创业史上最高的风投资金——4.14 亿美元，但个人"仅仅"占有 1 亿美元财富，因而在私底下遭到批判，这确实是一种少见的现象。显然，比起让自己发家致富，云存储服务公司 Box 的创始人亚伦·列维（Aaron Levie）更专注于下一盘更大的棋。他勇气十足、胸怀壮志，誓向互联网科技史上几大巨头宣战并击败它们，其中包括 IBM、甲骨文和微软。如果说德鲁·休斯顿开发的云存储服务 Dropbox 的目标是成为个人文件存储库，那么列维的 Box 的目标就是成为办公数据文件存储仓。比尔·盖茨和拉里·埃里森（Larry Ellison），你们可得小心了：2013 年《福布斯》杂志记者维多利亚·巴雷特（Victoria Barret）在采访中发现，这个脚踏荧光色彪马运动鞋的年轻人，正致力于微软和甲骨文公司最具潜力的商业市场，事实证明他已经是一名纵横商界的老手，而他那巨额的首次公开募股也令人拭目以待。

08

如何在与传统巨头的竞争中脱颖而出

亚伦·列维与Box

20 11年，26岁的亚伦·列维做出了一项堪称愚蠢但无疑又十分大胆的举动，并且完全与互联网时代创业公司应该保持"精简"的流行理念背道而驰。在他简单命名为"Box"的公司的一次例行董事会议开始45分钟后，列维轻松地宣布："我想做个小小的调整。我们需要再融资5 000万美元。"会议室里一片尴尬的沉默。此前，Box已经融资1.06亿美元，对于一家销售额只有2 100万美元、尚未实现盈利的公司来说，这个数目已经令人十分兴奋了。听到这个消息，列维的早期投资人和最大支持者、任职于德丰杰风险投资公司（Draper Fisher Jurvetson）的乔希·斯特恩（Josh Stein）不禁脱口而出："什么，你是说1 500万美元，对吧？"

不，是5 000万美元！

一个月前，列维在公司董事会的默许下，拒绝了虚拟计算巨头思杰公司（Citrix）6亿美元的收购要约。这笔资金原本可以给几年前投资Box公司的全体董事们带来3~50倍的投资回报。而现在，列维要求他们把自己的股份稀释15%左右。列维甚至没有把自己的打算事先告知公司的联合创始人。

他们早该预料到会发生这种事。列维肩负着一个使命，一个昂贵的使命：他要打造下一代商业应用领域的"甲骨文软件公司"。Box 提供在线存储和协助服务，2013 年实现了 1.24 亿美元的营收额，是 2012 年的 2 倍，2011 年的 6 倍。列维认为，公司还将继续保持快速、良好的增长势头，但那不是他最感兴趣的部分。

成功法则 YOU ONLY HAVE TO BE RIGHT ONCE

事实上，列维想要创建一家在移动时代具有变革性力量的科技公司，它要像万能胶一样，能够将所有大企业使用的各种应用软件上的海量数据和文件"黏合"起来，并能够在笔记本电脑或手机上安全、便捷地访问这些资料。在 2011 年 7 月召开董事会时，Box 已经能够提供比甲骨文、SAP（德国软件公司）和微软公司更棒的移动存储体验。只可惜 Box 公司当时只有 5 个人从事大客户销售，这使得 Box 在其他行业巨头面前处于劣势。

经过两个小时的提问后，董事会终于给列维开了绿灯，同意他筹集更多的资金，以扩张销售业务。

YOU ONLY HAVE TO BE RIGHT ONCE 数说创业

事实上，列维根本不用为钱而发愁：他原本打算融资 5 000 万美元，最终该轮融资实现了 8 100 万美元；紧接着，他又融资 1.5 亿美元，此时公司估值已达到 12 亿美元。2013 年圣诞节期间，他再次融资 1 000 万美元，公司估值达到了 20 亿美元。根据 2014 年年初 Box 上市前提交的财务数据显示，鉴于 2013 年公司亏损的 1.69 亿美元，这些融资是十分有必要的。

融资多到连列维自己都记不清楚了。"抱歉，我刚才谈到的是第几轮融资？"他问道，同时焦虑地玩着手指关节。列维的手总是闲不住，在狂饮黑咖啡的间隙，不断地摆弄着各种东西——他的苹果手机、头发、牛仔裤裤边或者运动鞋鞋带。他通常每天上午 10 时 20 分起床，处理工作期间他不吃东西，只吃晚餐。晚餐前他习惯在办公室打盹半小时，他那不到 8 平方米的办公室里，只有一张布满潦草字迹的办公白板，一张紫色沙发，两只橙色耳塞和一台空气过滤器。尽管经常要参加一些商务晚宴，但列维很少喝酒，因为午夜过后，往往是他集中精力回复电子邮件的时间，直到凌晨 3 时倦意袭来，他才上床睡觉。

公司董事会一直顺应着列维的雄心，一方面是出于职业操守，另一方面是因为列维也和其他董事们一起被稀释了股份，他们寄希望于虽然所持股份减少，但在公司规模越来越大的基础上，实际的获利将更多。而在云存储服务业内，与列维形成"亦敌亦友"关系的 Dropbox 公司创始人德鲁·休斯顿，估计持有该公司约 15% 的股份；而列维本人持有 Box 公司的股份已经下降到大约 5.7%，这使得他的个人资产在公司上市前"仅有"1 000 万美元左右。"我的梦想？"列维一边说着，一边取出了空气过滤器里的海绵。他拥有的、最昂贵的"奢侈品"是 5 年前租来的一辆宝马 3 系轿车。"我现在过着 12 岁时梦想的生活。我没有什么嗜好。我就想创建一家大公司，而我现在正在做这件事。"

数据交警 Box

列维选择了一个令人望而生畏的行业。数十年前成立的 4 家公司——微软、IBM、甲骨文和 SAP，仍然占据着软件市场的半壁江山。高德纳咨询公司（Gartner）的调查数据显示，这四大公司的市值逼近3 000亿美元，其他小公司只能分得一些残羹冷炙。昂贵的准入许可和启动成本、为保持软件即时更新而持续不断的维护和咨询费用，构成了这个行业的现状。尽管如此，这些公司出售的产品在很大程度上已经过时了。大部分产品只适用于台式电脑服务器，而无法在移动设备上运行。然而，弗雷斯特研究公司（Forrester Research）的调查数据显示，如今大约一半的美国职业人士使用智能手机办公，而使用平板电脑办公的人数也在不断增长。

过去10年来，由Salesforce、Netsuite和Workday等公司引领的基于云端、更为便利的新一轮商用软件潮流，如今已经催生了十多家相关的创业公司，它们的产品定价灵活、访问便捷，使得做生意就像玩Facebook一样简单。B2B①软件也逐渐成为一个势头良好的投资项目。当面向个人消费者的网络公司星佳和高朋网（Groupon）的首次公开募股惨淡收场时，商用软件公司Workday和Splunk的首次公开募股却大放异彩。

成功法则 YOU ONLY HAVE TO BE RIGHT ONCE

　　列维为这个新世界创建了Box。在Box上存储的文件，无论是简单的Word文档，还是复杂的3D建筑透视图，都可以在任何具备浏览器的电子设备上访问，还可以进行分享甚至编辑。Box已经推出了面向各大主流移动操作系统平台的软件。在列维对IT产业的未来展望中，新一代公司将开发出各种软件，而Box居于其中，扮演着"数据交警"的角色——从一处传输而来的任何信息，都可以畅通无阻地到达另一个应用。在列维的世界里，微软、惠普、

---

① 企业对企业的电子商务模式。——译者注

如何在与传统巨头的竞争中脱颖而出
亚伦·列维与 Box

IBM、EMC 和 NetApp 推出的那些昂贵的存储硬盘和协同软件"套装",都将最终消亡。

Box 采用免费增值的商业模式,这已经不是什么秘密武器了。注册成为 Box 用户,你就能免费使用 5G 的在线存储空间和基本功能。如果你想获得更大的空间、更高的安全性能和 IT 服务级别管理,Box 的收费也很便宜,每人每月只需付 5 美元。Box 目前拥有超过 2 000 万名用户,尽管只有 7% 的用户付费,但是现有用户的扩张为公司带来了 40% 的年营收额增长率。

Box 似乎已经实现了列维在那次意义重大的董事会上向投资者们描绘的宏大愿景。2012 年,Box 签订了价值超过 5 万美元的年度协议,合作公司包括 Gap、电子艺界(Electronic Arts)、探索频道(Discovery Channel)等,数额是 2011 年的 4 倍;2014 年,Box 又与通用电气等公司达成了合作协议。尽管 Box 公司的销售团队增加到几百人,但该公司超过 2/3 的销售协议,都源于 IT 公司的员工发现了 Box 软件并且想要利用其提升安全和管理控制。

行业巨头们也注意到了 Box,并且正在迅速效仿列维的免费增值、移动先行模式。2010 年,Salesforce 公司推出了具有免费增值模式、堪称企业版 Facebook 的企业社交协作应用 Chatter;2012 年,微软公司以 12 亿美元高价收购了企业社交应用雅米(Yammer),并宣称该公司采用的免费增值模式是其收购原因之一;而谷歌公司也正式推出了办公套件"谷歌文档"(Google Docs)。与此同时,甲骨文、微软、SAP、Netsuite 和 Salesforce 也争相与 Box 合作,因为只有这样,公司的销售人员才能回答客户必然提出的疑问：如何把办公系统里浩繁的数据资料导入各种移动设备呢？

以上这些正是令列维夜不能寐的原因。这位现年 30 岁的年轻人调侃说："我的白头发比奥巴马总统的还要多。"

从服务个人用户到转型商用公司

列维卷曲发簇中的灰白头发，一部分是由于他那令人不可思议的创业生涯。列维在美国华盛顿州西雅图市郊的默瑟岛（Mercer Island）长大，那里是微软和亚马逊的诞生地，树木郁郁葱葱，空气中似乎都流动着科技财富的气息。8 岁时，他就在大街上发传单为自己打广告，提供除草、遛狗以及任何街坊邻居愿意付钱的活计。他 10 岁那年，知名搜索引擎公司网景成立，青少年时代的列维沉迷于网络，经常上网到凌晨 2 时。他每个星期都能构思出一个商业创意，然后推荐给他的父母。父亲本是一名化学工程师，母亲嘉琳是一名语言病理学者。"说真的，当时我觉得那些创意很无聊，"他母亲承认，"他甚至建议我开一家公司，为其他语言病理学者提供需要的工具。后来，我都懒得听他跟我讲这些了。"

列维的高中同学对此则更加痴迷。当列维热衷于当时出现的新事物"互联网"支撑下的商业模式时，住在与他家相隔 4 所房子的哥们杰夫·奎伊瑟（Jeff Queisser）会扛着 9 千克重的戴尔电脑主机和旧式 CRT 显示器到列维家留宿，整夜编写代码。列维连续创建了大约 15 家公司，其中包括专供酒店和商场使用的网络设备、发布房产信息的门户网站，还有一个叫作 Zizap 被列维形容为"一个相当慢，需要付费才能使用的搜索引擎"。这些公司全都以失败告终，不过列维认为用这个词太片面："失败？我可不会那么说。它们的确没有生存下去，但每一次我都从中学到了东西。"

除了创业教训之外，列维还得到了一个团队。Box 公司的联合创始人和重要员工全部来自默瑟岛高中：奎伊瑟负责技术运营，迪伦·史密斯（Dylan Smith）是首席财务官，萨姆·高德斯（Sam Ghods）负责技术监督，阿什利·梅耶尔（Ashley Mayer）主管人力资源。"我们在高中时代并不都是一个圈子里的小伙伴，"史密斯说，"更确切地说，是亚伦在某个时刻发掘了我们，然后他的各种创业项目中的某一个把我们聚集在了一起。"

列维以 B– 的平均成绩勉强进入南加利福尼亚大学，就读于商科。在此期间，他通过电子邮件和在杜克大学读医学预科班的史密斯联系，交流创业想法。其中一个类似面向大学生的社交网络，但功能仅限于列出各个学生的兴趣爱好。列维还开发了一个域名为 socalendar.com 的网站，上面是洛杉矶地区的大事件目录。他仍然没能成功。

在大二的一堂市场营销课上，一个令两人异常兴奋的绝佳创业想法出现了。列维调研在线存储行业时，突然发现了一个极具吸引力的套利机遇。他可以收取每月 2.99 美元的费用，提供 1G 的网络存储空间，而其成本只有 1 美元。

2005 年夏天，列维说服史密斯，在史密斯父母家位于默瑟岛的阁楼上创建了一家在线存储公司。创业之初，他们利用史密斯玩在线扑克赢得的 1.5 万美元租用服务器，然后向诸如微软合伙人保罗·艾伦（Paul Allen）这样的西雅图科技界名人投放商业招股书，并且贸然打电话给 20 多家风险投资公司。很可惜，无人理睬他们。是马克·库班（Mark Cuban）改变了这一切。列维之前曾给这位互联网亿万富翁和博客作者寄去一个创业构想计划。库班回复说：我愿意投资。6 个星期后，列维和史密斯拿到了一张 35 万美元的支票，作为该公司 30% 的股份。随后，列维和史密斯决定退学，他们开着列维母亲的尼桑小轿车投奔一位家住伯克利市的叔叔，他们住到他家的后院，打算在硅谷一展身手。

公司很快就迎来了踊跃注册的用户，但列维认为让用户主动付费使用 Box 的阻力还是太大。他们迅速算了一笔账，觉得可以先向用户免费赠送 1G 的容量，这样哪怕只有 3% 的用户升级到"2.99 美元买 1G"的付费模式也不会亏本，因为这些付费用户之后极有可能需要更多的存储空间。2006 年年初，Box 开始实行"免费增值"模式，一夜之间他们的每日用户增长量就达到了原来的 50 倍。这是一次伟大的突破，但也是一次冒险的投钱行为。库班对这种模式并不满意，因为它迫使投资人先行补贴这些免费用户，只能期待日后赚回本钱。

那年 10 月，德丰杰风险投资公司投资了 150 万美元，其中部分资金收购了库班持有的全部股份。尽管库班善用巧妙时机玩转投资策略，并因此积累了数十亿美元的资产，但这次他却失算了。如今，他的那部分原始股份，哪怕没有任何追加投资，价值都已经超过了 1 亿美元。

不过，从 Box 发展早期来看，库班那么做也并非不明智。2006 年，Box 的年营收额仅有 50 万美元，而用户要求 Box 提供更多免费功能。竞争对手纷纷降价，周围谣言四起，声称谷歌和苹果公司很快就会推出免费的云存储服务。

当时，Box 还只是一家小公司。两位联合创始人和一些曾是高中同学的团队成员，晚上就睡在车库地板一字排开的床垫上，隔壁是他们的硅谷单间办公室。每当客服电话响起时，列维就跳起来接听，这成了他们的终极市场调研训练方式。Box 的很多用户都是普通的办公职员，通常在没有专业 IT 人员的批准下，"擅自"在云端进行文件存储和协同操作。列维会询问他们，希望 Box 增加一些什么样的新功能。很多人都说，如果 Box 具备安全功能和一个能够显示员工使用情况的界面，他们愿意支付目前 100 倍的价钱。那些办公职员还告诉列维，比起微软推出的类似产品 SharePoint，Box 使用起来更方便。当列维发现 SharePoint 每年为微软公司带来 20 亿美元的营收额时，他才意识到自己搞错了目标客户群。

硅谷近年来的伟大"转型"事件之一，就是 Box 公司在 2007 年年中放弃了个人用户，转型为一家商用软件公司。列维再次面临资金枯竭的境况，而德丰杰风险投资公司希望在开始新一轮融资前看到别的投资者跟进。列维找了 20 家风投公司，但没有一家愿意投资 Box，因为在这个全新的市场中，列维的资历和背景都微不足道，而那一身帽衫牛仔裤的休闲打扮穿在 Facebook 创始人扎克伯格身上还凑合，但却没人对列维买账。后来他改变了着装——穿深色休闲西装、牛仔裤、正装衬衫以及一双荧光色彪马运动鞋。

最终，列维说服了美国风险投资合伙人有限公司（U.S. Venture Partners）时年 29 岁的马蒙恩·哈米德（Mamoon Hamid），后者在 2008 年 1 月注资 600 万美元，帮助 Box 又坚持了一年。Box 开始为企业用户重新调整功能，其中包括允许管理员删除账户、追踪何人在何时访问过何种文件，以及设置文件和文件夹访问权限。

列维把自己变成了商用软件专业的学生，他如饥似渴地阅读行业经典书籍，如讲述 IBM 创业早期故事、小托马斯·沃森（Thomas J. Watson Jr.）的著作《小沃森自传》（*Father, Son &Co.*），甲骨文创始人拉里·埃里森授权的传记、马修·西蒙兹（Matthew Symonds）的著作《软件战争》（*Softwar*）。

"我全身心沉浸其中。"列维说。事实的确如此：他那昏暗促狭的公寓墙面上，贴满了 1.2 米高的各种企业标志海报——甲骨文、太阳微系统公司（Sun Microsystems）、Salesforce 和希柏系统软件有限公司（Siebel Systems）。如今那些海报虽然褪色了，但仍保留在那里。列维的女朋友是亚利桑那州联邦法官的书记员。"她不常来我这里，所以也顾不上这些。"列维说。

2010 年 4 月，列维坐在卧室里观看史蒂夫·乔布斯发布第一款 iPad 平板电脑的网络直播时，再次获得灵感。"我的想象力天马行空，"列维回忆说，"那玩意看起来就像一张纸，然而大部分商业用户会在这种移动设备上办公。"他发电子邮件给 Box 的工程师们，告诉他们立即开发一个 iPad 版本的 Box 应用，一定要赶在 iPad 正式发售前完成——Box 的工程师们做到了。

与此同时，宝洁公司开始四处打探。这家快速消费品行业巨头的高层们开始使用 iPad 办公并且希望能够通过 iPad 访问所需的文件。Box 公司花费了 18 个月的时间才争取到与这个大客户合作并且提供定制服务的机会，为该公司 18 000 名员工打造更加便利的产品。从此，也为敲开其他客户的大门铺平了道路。

2011 年，列维继续进行自我教育。他给自己最喜欢的行业领军人物发了一封电子邮件，提出了一个简单却大胆的请求：跟我共处一小时。希柏系统软件有限公司（该公司于 2005 年被甲骨文公司以 58.5 亿美元收购）创始人汤姆·希柏（Tom Siebel）告诉列维，他曾经一天飞 4 个州跟客户会面；曾担任仁科公司（PeopleSoft，甲骨文以 103 亿美元收购了该公司）总裁的康可为（Craig Conway）瞥了一眼列维的日程表，只看到一次客户会议安排，他再次提出了类似的告诫。列维一直专注于 Box 公司的内部事务，却失去了一种长远的目光，那种当年通过接听客服电话拯救公司的精神。此后，他开始一周 8 次会见客户，每一次都要详细询问产品好或不好的地方。

这种"聆听客户"的过程不仅磨砺了 Box 的运营策略，而且塑造了列维自身。他从曾经被数十家风投公司拒绝的毛头小子，成长为如今的创业家典范。"我们看待事物的方式简直如出一辙，"风投公司泛大西洋投资集团（General Atlantic）合伙人加里·瑞纳（Gary Reiner）说，他在 2012 年给 Box 投资 1 亿美元之前，曾经花费数月做了详细调查，"他做这行似乎已经有 20 年了，我甚至提不出一个他没有考虑到的问题。"

无知者无畏

位于加利福尼亚州洛斯阿尔托斯（Los Altos）的 Box 总部，给人的感觉更像是 Facebook 公司那种娱乐空间，而不是甲骨文公司那样的沉闷大楼。办公室里有明黄色的大滑梯、乒乓球室、独角兽雕像和很多滑板车。"我不玩滑板车，但这对我们的企业文化很重要。"列维说。Box 的员工即将达到 1 000 名，其中包括曾任职于甲骨文、谷歌和 Salesforce 的重要雇员。

然而，在炫目的表象之下也潜伏着危机。Box 在发展过程中，几乎每个月都会面临致命的威胁。2012 年，虚拟业巨头虚拟机软件（VMware）宣布将推出文件同步功能。同年，Box 的投资者之一 Salesforce 也宣布将推出作为 Box 竞争对手的 Chatterbox 存储平台，不过，到 2013 年，此项目以失败告终。与此同时，Dropbox 也推出了企业软件，想要在有利可图的商用市场上分一杯羹。

除此以外，微软公司也把 Box 视作眼中钉。很幸运，Box 一开始就与微软推出的 SharePoint 软件展开竞争。微软把 SharePoint 与其他产品捆绑销售，如果用户显示出转投其他存储软件的迹象，微软有时会采取提高现有产品价格的方式威胁客户。SharePoint 软件是出了名的贵，用户在这个软件上每花费 1 美元，还要在其他外部公司（开发商和 IT 咨询商）身上平均花费 8.7 美元，才能正常使用该软件。虽然 SharePoint 比 Box 的功能更多，比如它能够连接库存系统，不过却不太好用，而且直到最近才可以在谷歌安卓和苹果 iOS 手机操作系统上使用。不过，这个庞然大物已经开始苏醒。"Box 和其他一些小公司比微软先行一步，"SharePoint 高级市场总监杰瑞德·斯派塔罗（Jared Spataro）说，"但我们一直认为，消费者希望与更少的软件供应商合作。"

目前，列维与他的新参谋本·霍洛维茨（Ben Horowitz）结为盟友，他们构建了防御战略。霍洛维茨是硅谷最热门风投公司安德森·霍洛维茨基金的创始合伙人，该公司 2011 年曾为 Box 投资 4 800 万美元。他们的结盟策略如下：创建一个外形和行事方式与甲骨文类似的销售团队，但保留 Box 公司勇于创新和与时俱进的企业文化。把 Box 打造成一个切实可行的平台，让其他软件公司能够在此沟通并出售与文件相关的技术。列维想要成为下一个拉里·埃里森的唯一方法，就是使 Box 成为企业最重要数据的连接枢纽。"我要做很多事情，马上就要做，而且越快越好，"列维说，这种类似"蛇吞象"的现状，尽管有些自不量力，但却令他欣喜，**"如果我充分了解这个行业如何运作，我可能就没勇气去做我们现在已经实现的事。都说无知者无畏，我为自己的'无知'感到骄傲。"**

YOU ONLY HAVE TO BE RIGHT ONCE

THE UNPRECEDENTED RISE OF THE INSTANT TECH BILLIONAIRES

09

如何在商业竞争中坚守道德底线

亚历克斯·卡普与Palantir

扫码关注"未来创客"

回复"Palanti"

查看相关视频

在"信息透明化拯救人类"的时代,几乎没有任何一家公司像 Palantir 这么神秘。没有人了解这家公司到底是做什么的,或者说无人能够想象,该公司的数据挖掘体系及定制程序能够一键完成多么令人难以置信的复杂任务。从做好事的角度看,Palantir 可以协助政府追踪恐怖分子,也能帮助企业侦查诈骗和黑客行为。尽管如此,由美国中央情报局(CIA)早期资助并且威力无边的 Palantir 公司,却在某种程度上被自由主义者描述为作家奥威尔笔下极权主义的工具。

如果找个人代表现实世界中"老大哥"的形象,那么亚历克斯·卡普(Alex Karp)当之无愧。这位自称"离经叛道者"的哲学家,曾是 Palantir 公司联合创始人彼得·泰尔(Peter Thiel)在斯坦福大学法学院的绝佳斗智对手,如今正发挥着"全能之神"般的潜能运营着 Palantir 公司,这种潜能最初是偶然显现的,之后则完全出于本能。《福布斯》杂志记者安迪·格林伯格(Andy Greenberg)和瑞恩·马克是最早将卡普和 Palantir 推向公众视线的媒体人,他们的采访是在 Palantir 公司发展的一个重要阶段完成的:2013 年年末,Palantir 获得了令公司估值飙升的新一轮融资,这足以令卡普成为亿万富豪,该公司还将业务范围从政府部门拓展到私营企业。在充斥着维基解密(WikiLeaks)和斯诺登(Snowden)"棱镜门"事件的时代,Palantir 的工作内容是所有人生活中都无法回避的一部分。

09

如何在商业竞争中坚守道德底线
亚历克斯·卡普与 Palantir

有小道消息称，一家名叫 Palantir 的创业公司帮助美军捕杀了恐怖分子奥萨马·本·拉登。自从这个传闻散播开来，亚历克斯·卡普就没多少清静时间了。2013 年夏天的一个阳光灿烂的清晨，亚历克斯·卡普在斯坦福大学附近草木葱郁的山坡上散步，不远处耸立着人称"盘子"的巨型卫星接收器。身为 Palantir 公司 CEO 的卡普身形消瘦，一头乱蓬蓬的卷发，给人的感觉头重脚轻。卡普一天中最为享受的独处时刻在某种程度上被贴身保镖迈克打破了，这位沉默寡言的海军陆战队退役士兵身高 1.85 米，体重 122 千克，身强力壮，虎背熊腰。即便是在距离 Palantir 公司总部很近的帕洛阿尔托郊区街道上，迈克也会跟在卡普身后几步远的地方。

"这严重限制了我的生活，"卡普不由得抱怨，但硕大的黑色太阳镜遮挡了他的表情，"不能随意地与人打情骂俏，这太糟糕了。"

卡普的全天候安保措施是为了防止他遭到极端分子和阴谋论者的伤害。那些极端分子向卡普发出了死亡威胁，而阴谋论者则打来电话，慷慨激昂地声讨 Palantir 是试图幕后控制全世界的邪恶组织"光明会"（Illuminati）。曾有精神分裂症患者一连好几天蹲守在卡普的办公室外面并且跟踪他。"如果你的公司业务牵涉我们这样的现实境况，也会很容易成为社会上各种流言蜚语的焦点。"卡普说。

Palantir 公司的客户包括美国国家安全局（NSA）、美国联邦调查局（FBI）、美国中央情报局（通过其控制的 In-Q-Tel 风险投资基金成为 Palantir 公司的早期投资人），以及其他很多国家的反恐和军事机构。

过去 6 年来，Palantir 是美国情报及执法部门应用大规模数据挖掘技术的首选公司，其软件产品界面流畅、易于操作，旗下工程师甚至会空降到客户总部调试程序。Palantir 公司能够把混乱无序的海量信息转变为直观的可视化地理分布图、直方图和关联表。只要给该公司的"前沿部署工程师"几天的时间来分析、标记和整合客户提供的所有零碎数据，包括恐怖主义、灾难应急或贩卖人口等五花八门的问题就能厘清头绪。

Palantir 公司的顾问包括美国前国务卿康多莉扎·赖斯（Condoleezza Rice）和中央情报局前局长乔治·特尼特（George Tenet）。特尼特曾在采访中说过："要是在'9·11'恐怖袭击事件之前有 Palantir 这样强大的公司就好了。"中央情报局前任官员大卫·彼得雷乌斯（David Petraeus）将军在接受《福布斯》杂志采访时，将 Palantir 公司描述为"正当其时的绝佳捕鼠器"，并用"绝对天才"这个词来形容卡普。

利用 Palantir 分析数据信息的机构包括美国海军，他们在阿富汗地区部署了 Palantir 公司的设备，以便对路边的炸弹进行取证分析并预测叛军的袭击，Palantir 还协助抓获了谋杀美国海关人员的墨西哥贩毒团伙。讲述猎杀本·拉登过程的《终结》（*The Finish*）一书的作者马克·鲍登（Mark Bowden）称："Palantir 软件是名副其实的杀手级应用。"

如今，Palantir 走出充斥间谍和特别军事行动的隐秘世界，开始向美国私营企业大步前进。曾经在伊拉克预测伏击的工具，如今可以帮助制药公司分析药物数据。摩根大通（JPMorgan Chase）一位前雇员表示，Palantir 公司解决了从网络欺诈到不良抵押贷款等各种问题，为摩根大通挽回了数亿美元的损失；Palantir 用户在访问银行时，能够在几秒钟的时间内迅速发现尼日利亚某 IP 地址、美国境内某代理服务器和某个被盗用的房屋净值信用贷款支付记录之间的隐秘关联，从而避免出现损失，正如军方客户把炮弹弹片上留下的指纹、位置数据、匿名线报和社交媒体结合起来追踪阿富汗炸弹制造者一样。

凭借这些本领，Palantir 公司里那些穿着休闲 T 恤的 20 多岁的小伙子，得以从 IBM、博思艾伦咨询公司（Booz Allen）和洛克希德·马丁公司（Lockheed Martin）西装革履的员工手中挖走客户，因为 Palantir 的软件部署更快捷，分析结果更清晰，而且每次安装费通常低于 100 万美元，仅仅相当于竞争对手报价的零头。Palantir 公司的商业客户包括美国银行和新闻集团（News Corp），公司对这类客户身份的保密程度甚至超过了政府客户。

YOU ONLY HAVE TO BE RIGHT ONCE 数说创业　目前，来自私营企业的交易额约占该公司总营收的 60%，据《福布斯》杂志估计，2013 年这部分收入达到 4.5 亿美元，而 2012 年的营收额还不到 3 亿美元。卡普预计，Palantir 在 2014 年能签下 10 亿美元的新长期合同，有望实现首次盈利。

显然，这家得到中央情报局资助、由一位古怪哲学家领导的公司，已经成了科技界估值最高的私企之一。2013 年 12 月的一轮融资后，该公司的估值已经达到 90 亿美元。卡普持有公司大约 10% 的股份，仅次于公司最大股东、投资过 PayPal 和 Facebook 的亿万富豪彼得·泰尔。该公司的其他亿万富豪投资者包括家居连锁店家得宝联合创始人肯尼斯·朗格尼（Ken Langone）和对冲基金巨头斯坦利·德鲁肯米勒（Stanley Druckenmiller）。如果 Palantir 公司上市，卡普的净资产将会激增至 10 亿美元以上。然而，卡普表示，Palantir 暂时不考虑上市。

Palantir 公司业务面临的最大问题，可能在于产品实在太好用，以至于让客户看到的太多。在美国国家安全局泄密者爱德华·斯诺登（Edward Snowden）披露了该机构的大规模监视活动后，Palantir 软件就成了隐私拥护者们的心头大患。他们担心谷歌搜索等网络技术会被政府直接用于监视活动。Palantir 公司正成为硅谷发展最快的创业公司之一，其政府"老大哥"和大数据的结合方式引起了人们的注意，这很可能会给 Palantir 公司的公众形象带来不利影响，从而令客户和投资者望而却步。

"他们从事的是一项可怕的业务。"电子前线基金会（Electronic Frontier Foundation）律师李·蒂恩（Lee Tien）表示。美国公民自由联盟（ACLU）分析师杰伊·斯坦利（Jay Stanley）则认为，Palantir 软件带来了"真正的极权主义噩梦，无辜的美国平民的日常生活将受到大规模监控"。拥有社会理论博士学位的卡普并不回避这些人提出的疑虑，但他认为，Palantir 能够改写隐私与安全的零和游戏规则。"我没有签订那种把吸毒或者搞婚外情这类事情都向政府打小报告的合同。我们必须保护一些东西不受政府监视，这样我们才能如自己所愿，做一个独特、有趣、甚至像我这种有点离经叛道的人。"卡普在公司的一次讲话中表示。

Palantir 公司宣称，对大多数客户而言，其隐私保护技术十分完善，甚至远超法律规定，该公司还拥有一群"拥护隐私和公民自由的工程师团队"。不过，最终决定公司道路走向的是卡普本人。"他就是我们的良心。"高级工程师阿里·盖舍尔（Ari Gesher）说。

尽管如此，有个问题仍不容忽视。残酷的商业现实和激烈竞争会不会腐蚀那些温馨的蓝色理想呢？在谈到业内竞争对手时，卡普的言论听起来不太像是 Palantir 的"良心"，而更像是该公司的"本我"。2013 年 7 月，卡普在一次讲话中阐述了自己的原始动机，那就是"要么打败、要么重创"IBM 和博思艾伦之类的竞争对手。"事关生死存亡，"他说，**"我们必须在竞争对手击败我们之前先打败他们。"**

真知晶球与不变日志

卡普似乎喜欢罗列他不能胜任这份工作的种种理由。"他没有技术背景，在政府和商界也没有人脉，父母都是嬉皮士。"他用第三人称来描述自己，经常在办公室里焦躁地踱来踱去，"不过，这人从 2005 年开始就是公司的联合创始人和 CEO，而且现在依然如此，他是怎么做到的呢？"

答案要追溯到卡普与彼得·泰尔维持了数十年的同窗友谊，这段友情始于斯坦福大学法学院。那时，两人都住在简朴的 Crothers 宿舍，第一学年的课程都差不多，但他俩的政治观点却完全相反。卡普在费城长大，父母分别是艺术家和儿科医生。他回忆说，父母经常在周末带他参加争取劳工权益、反对"里根一切所作所为"的抗议活动；而泰尔在斯坦福大学就读期间创办了坚定的自由主义刊物《斯坦福评论》（*Stanford Review*）。"我们总是会冲向对方随时开战……就像狭路相逢的野兽，"卡普说，"我就喜欢跟他对着干。"

大学毕业后，不想当律师的卡普远赴德国法兰克福大学继续深造，他的导师是20世纪最杰出的哲学家之一尤尔根·哈贝马斯（Jürgen Habermas）。获得博士学位后不久，卡普继承了祖父的遗产，拿这些钱投资创业公司和股市，并取得了惊人的成功。一些有钱人听说卡普"很善于投资"，于是上门请他帮忙指点。为了管理这些富人的资金，卡普在伦敦创建了卡德蒙集团（Caedmon Group），公司名来自卡普的中间名，这也是英国文学史上首位著名诗人卡德蒙的名字。

再回到硅谷。泰尔和埃隆·马斯克（Elon Musk）及其他人联合创建了第三方在线支付软件公司PayPal，后于2002年10月以15亿美元的价格卖给了购物网站易趣。此后，泰尔又创建了全球对冲基金克莱瑞姆资本管理公司（Clarium Capital）以及其他多家公司，其中包括后来发展成为Palantir的公司。Palantir这个名字是泰尔取的，源于英国作家托尔金（J.R.R. Tolkien）所著《指环王》里的"真知晶球"Palantiri，它能让拥有者看到世界上任何一个角落的景象，还可以用来追踪朋友和敌人的位置。

"9·11"恐怖袭击事件过后，泰尔想把这种"真知晶球"技术卖给权力日益膨胀的国家安全部门。泰尔对Palantir的设想是，利用最初为PayPal公司设计的欺诈识别软件来阻止恐怖袭击。但从一开始，作为自由主义者的泰尔，就把Palantir视为在国家安全部门权力扩张的社会里，保障公民隐私免受侵犯的解药，而非为虎作伥的工具。"这是一家肩负社会使命的公司，"泰尔表示，他以个人名义向 Palantir 公司投资 4 000 万美元，并担任公司董事长，"在我眼中，Palantir 的任务是维护公民自由，阻止恐怖主义。"

2004 年，泰尔和毕业于斯坦福大学计算机科学专业的乔·朗斯代尔（Joe Lonsdale）、史蒂芬·科恩（Stephen Cohen）以及 PayPal 工程师内森·戈廷斯（Nathan Gettings）组建团队，共同开发产品原型。最初，全部资金由泰尔提供，但这支年轻的团队很难引起投资者和潜在客户的注意。"怎样才能让人们把 20 多岁的年轻人放在眼里呢？"朗斯代尔说，"看来我们需要一位白头发多点的老练人物。"

这时候卡普出现了。他虽然没有太多商业经验，但一头深沉的灰褐色卷发、结识不少欧洲富人、哲学博士的教育背景都足以弥补那点缺憾。令几位创始人非常惊讶的是，卡普虽然没有任何技术背景，却能够迅速理解复杂的行业问题并向外行们清晰明了地进行解释。

朗斯代尔和科恩随即邀请卡普担任代理 CEO，其间他们也面试过其他潜在候选人，但没有哪位西装革履的政界能人或者职业经理给他们留下深刻印象。"他们询问我们对整体有效市场的判断，"说着学院术语的卡普不屑地表示，"我们谈论的却是打造世界上最重量级的公司。"

虽然 Palantir 吸引了欧洲早期的几位天使投资人，但美国风投家似乎对这家公司并不感冒。据卡普说，红杉资本董事长迈克尔·莫瑞茨在整个会面过程中都心不在焉；凯鹏华盈的一位高管用了一个半小时对 Palantir 的创始人们说教，宣称他们的公司必然失败。

最终是中央情报局的风投机构 In-Q-Tel 拯救了 Palantir，该机构先后两次对 Palantir 注资，总额超过 200 万美元。"他们显然是一流的人才，"
In-Q-Tel 前高管哈什·帕特尔（Harsh Patel）说，"这支团队令我们印象最
深刻的地方是，他们专注于解决人与数据的交互这个核心问题。"

事实证明，这个任务比公司任何一位创始人想象的都困难。PayPal 公
司创立初期的欺诈分析功能建立在结构完善、条理清晰的信息之上，相比
之下，Palantir 客户收集的电子邮件、录音资料和电子数据等情报经常出
现混淆和错乱的问题。

成功法则 YOU ONLY HAVE TO BE RIGHT ONCE

为了履行在隐私和安全方面做出的承诺，Palantir 要对客户的
数据进行分类和标记，以确保只有具备一定权限的用户才能访问它
们。建立这种权限体系的意义在于，那些没有相应权限的人无法查
看机密信息，从而防止敏感的个人数据遭到泄露。

Palantir 对用户隐私和安全的核心保护机制被热爱学院术语的
卡普称为"不变日志"（The Immutable Log）。也就是说，用户
使用 Palantir 完成的每个操作都会留下可供追踪的痕迹，不管是俄
罗斯间谍，还是妒火中烧的丈夫，甚至爱德华·斯诺登本人都无法
在使用 Palantir 软件后彻底清除操作记录。

2005—2008 年，中央情报局都是 Palantir 公司的唯一资助人和用户，
并测试和评估了该软件。在中央情报局的许可下，Palantir 拥有强大能力
的名声传播开来，公司开始吸引更多合同和员工。哲学家卡普似乎拥有识

09
如何在商业竞争中坚守道德底线
亚历克斯·卡普与 Palantir

别和吸引知名工程师的独特能力，他对技术人才的敏锐嗅觉令同事们深感惊讶。有一次，他们故意把两位资质平平的候选人安排进最后一轮面试以考验卡普，结果，卡普当场就淘汰了这两个人。

在卡普的反传统形象下，Palantir 的独特企业文化开始形成。公司位于帕洛阿尔托的总部被命名"夏尔"（Shire），典故源于《魔戒》作者托尔金笔下"霍比特人"的家乡。一间会议室被改造成巨型塑料球池，地板上散布着玩具飞镖和狗毛，狗狗在这里很受欢迎。大多数员工每天都穿着 Palantir 的工作服，由于待在办公室的时间太长，有人干脆把洗漱用品摆到浴室，方便在办公室里过夜。

在 Palantir 公司那一群怪人当中，卡普依然是最古怪的那个。黄金单身汉卡普表示，安定下来结婚养家的念头令他"毛骨悚然"。他的几大癖好众所周知：三分钟内能解开任何魔方，每天都要游泳和练气功，日本合气道和巴西柔道的段位也不低。他的办公室里有个存放着维生素、20 副同款泳镜和洗手液的专属柜子。他通过名为 KarpTube 的内部视频频道向员工们发表讲话，话题相当广泛，从贪婪、正直到马克思主义，无所不包。"我只有在游泳、练气功或者睡觉时，脑子里才不会想到 Palantir。"卡普说。

2010 年，作为客户之一的纽约警察局将 Palantir 公司引荐给了摩根大通，这是该公司的第一个商业客户。Palantir 派出一支工程师团队，在纽约翠贝卡区（Tribeca）租了一间带阁楼的办公室，晚上睡双层床，废寝忘食地协助摩根大通银行解决了欺诈问题。没多久，他们又接到化解不良抵押贷款投资组合的新任务。如今，Palantir 公司位于纽约的办公室已经扩张成为一个设备完善、以"蝙蝠侠"为主题的办事处，取名"哥谭"，受理从预测房屋止赎到对抗黑客等各方面的高利润金融服务业务。

不过，随着客户数量的增长，Palantir 公司的理想主义文化开始出现裂痕。2011 年年初，有电子邮件显示，在维基解密网站威胁要披露美国银行内部文件事件中，Palantir 公司的一位工程师参与制定了打击该网站的方案。他在电子邮件中积极建议追踪定位维基解密组织的赞助人，发动对该网站基础设施的网络攻击，甚至威胁其支持者。这起丑闻曝光后，卡普将这位触犯众怒的工程师停职，并发布声明亲自道歉，誓言 Palantir 支持"进步的价值观和事业"。随后，外部法律顾问受聘审查 Palantir 公司的行为和政策，经过一番商讨后认定，可以重新雇用这位员工，似乎很不留情面地嘲讽了公司的批评者们。

维基解密事件后不久，Palantir 公司内部的"隐私和公民自由"团队建立了一个名为"蝙蝠电话"（Batphone）、面向全体工程师的道德热线。任何一位工程师都可以拨打这条热线，向 Palantir 公司主管匿名报告那些他们认为出于维护客户利益不应该做出的不道德行为。例如，一次热线报告令该公司回绝了一项涉及分析公众 Facebook 页面信息的客户委托。卡普说，公司还拒绝了与某烟草公司合作的机会，出于道德原因该公司总计放弃了占总营收额约 20% 的收入。如果该公司上市了，需要对股东负责并满足季度绩效，是否还能做到如此挑剔呢？我们将拭目以待。

隐私保护中的权衡取舍

2009 年 11 月 14 日，下午 4 时 07 分，在安静的加利福尼亚州奥克兰市郊区圣莱安德罗（San Leandro），迈克尔·卡茨 - 拉查比（Michael Katz-Lacabe）正把他的红色丰田汽车停在自家车道上，一辆巡逻警车缓缓驶过。

09

如何在商业竞争中坚守道德底线

亚历克斯·卡普与 Palantir

警车上装置的车牌摄像机例行公事地悄悄拍下了当时的场景：卡茨 - 拉查比的白色单层住宅、院子里枯萎的草坪和玫瑰花丛，他的 5 岁和 8 岁的两个女儿跳下汽车。

胡须灰白、头发蓬乱的卡茨 - 拉查比是当地学校的董事、社区积极分子和博客作者。一年后，他看到了这张照片，才知道圣莱安德罗警察局安装了自动车牌摄像机，这种设备被用来不断拍摄和跟踪城市里每辆车的行踪。他申请查询公共记录，想看看自己两辆车中任何一辆被拍下的照片，警方发回了 112 张照片，拍到孩子们的那一张照片令他最为不安。

"谁知道别人的孩子还有多少被拍了照？"卡茨 - 拉查比问道，他的担心已经不仅仅出于父母对子女的保护，"有了这项技术，你就可以把时间任意回拨，看看每个人出现在哪里，他们是否把车停在了别人家门口，停在了计划生育中心，停在了抗议活动现场……"

卡茨 - 拉查比经过深入挖掘后发现，圣莱安德罗的车牌摄像机拍摄的数百万张照片被统一发送给了北加利福尼亚州地区情报中心（Northern California Regional Intelligence Center，简称 NCRIC）。这是在"9·11"恐怖袭击事件后成立的、由美国联邦政府管理的 72 个信息整合机构之一，该机构利用旧金山海湾对面一家公司的软件对照片进行分析，那家公司正是 Palantir。

在提交给 NCRIC 的商业计划书中，Palantir 提供了客户名单参考，其中包括洛杉矶和纽约警察局。该公司声称，它能在 5 秒内搜索完纽约警察局的 5 亿张车牌照片。卡茨 - 拉查比联系了 Palantir 公司，谈及自己对隐私的担忧。Palantir 迅速做出回复，并邀请他到公司总部面谈。当卡茨 - 拉查比抵达"夏尔"时，两位员工向他做了一个小时的陈述，不断强调

Palantir 的安保措施，包括权限控制、"不变日志"和内部报告热线。

但卡茨 - 拉查比对此并不买账。他指出，Palantir 的软件没有默认时限，只要信息还存储在客户的服务器上，就可以随时进行搜索。审查功能呢？"我认为这毫无意义，"他表示，"除非有人特意去查看，否则日志没有任何用处。"

听到卡茨 - 拉查比的这些话时，卡普开始顾左右而言他，说 Palantir 的软件挽救了生命。"这里有个真实案例，"他讲了一个故事，说有个开着破旧凯迪拉克汽车的恋童癖袭击了一名儿童，多亏了纽约警察局的车牌摄像机，坏人不到一个小时就被抓住了，"正是因为我们的产品收集的车牌信息，才帮警察在街上逮捕了他，从而挽救了很多孩子的生命。"

"我们生活在民主社会，如果公开车牌号的行为违背了《美国宪法第四修正案》的精神，我们绝不允许这种行为发生。"卡普表示，的确应该限制数据的保存期限。不过，在法律修订之前，Palantir 公司将按照现行法规行事。"我们所处的真实世界从来都不是完美的，你必须学会权衡取舍。"

如果 Palantir 针对信息滥用的核心保护机制"不变日志"被人直接忽视，那么应该怎么办呢？卡普回答说，日志应该由第三方负责审查。就政府机构而言，他建议成立一个监督机构来审查所有的监视行为，但目前这纯粹是理论设想。"这样的机构以后肯定会有，"卡普坚称，"社会需要建立这种机构，因为如果不这么做，就会纵容恐怖袭击发生或者让我们失去所有的自由。"

不出所料，卡普的理论设想没能使 Palantir 的批评者们放下心来。电子隐私信息中心（Electronic Privacy Information Center）积极维权人士艾米·斯特潘诺维奇（Amie Stepanovich）说，Palantir "天真"地认为政府会在技术使用方面进行自我监督。卡普辩称，可以在事后将隐私保护措施加入到监测系统中，但电子前线基金会的李·蒂恩对这种说法嗤之以鼻。"在修建核电站时就应该想到如何处理有毒废料，"蒂恩说，"而不是留到将来再做考虑。"

Palantir 的一些前员工说，他们也对公司软件可能导致的权利侵犯问题感到担忧。"想象一下，你在创造一种 100% 可以被用来做恶的东西。如果当年联邦调查局局长埃德加·胡佛在对付马丁·路德·金时借助了这种能力，那将是一场噩梦。"

Palantir 的另一位前工程师也表示，"尽管公司提出了高尚的道德准则，但其日常首要事务是满足警方和情报机构客户，与执法部门保持良好关系，不断'点亮'理想的岔路"。他还说，"Palantir 公司的创始人们并没有完全理解《指环王》里的'真知晶球'的奥义"。他指出，"托尔金笔下的'真知晶球'其实没有为注视者提供真知。'真知晶球'扭曲了事实，那些使用它的观察者们只看到了他们想看的东西"。

不管批评者们怎么说，亚历克斯·卡普确实重视隐私——他自己的隐私。

他的办公室装饰着由公司员工制作的、他的个人纸板肖像，咖啡桌上是一个乐高积木城堡。他可以通过窗户上的双向玻璃俯瞰帕洛阿尔托的阿尔玛街（Alma Street），每扇玻璃窗都安装了形似白色冰球的电子装置，这些被称为"声能传感器"的设备能够发出令人难以察觉的白噪声，从而振动玻璃以防范窃听设备，比如，外人向玻璃窗发射激光来窃听室内谈话。

卡普回忆起加入 Palantir 公司之前那些逍遥自在的日子。他放下了魔方，以方便打手势。"那时我有 4 万美元存款，而且没人知道我是谁。我喜欢那种日子。我喜欢。我就是喜欢。我就是喜欢！"他的声音越来越高，双手在头顶挥舞，"我可以四处旅行，可以整晚都待在柏林鱼龙混杂的夜店里。我可以随时同任何愿意跟我说话的人交流，偶尔把人带回家，只要有机会我就这么干。我去人们抽烟喝酒、纵情玩乐的地方。我就是喜欢那种生活。而现在，我最烦恼并且视为巨大累赘的一件事，就是我逐渐失去了彻底隐姓埋名的能力。"

在现代社会里，无论谁处在卡普的位置上，都很难做个离经叛道的人。如果政府掌握了 Palantir 这样的工具，离经叛道对其他任何人来说都不容易做到。不管有没有安全保护措施，卡普所向往的"彻底隐姓埋名"也许只是属于上个世纪的奢侈品。

卡普放低手臂，激情从他的声音中退去："除了忍受，别无他法。"

YOU ONLY HAVE TO BE RIGHT ONCE

THE UNPRECEDENTED RISE OF THE INSTANT TECH BILLIONAIRES

10

如何面对创始人之间的矛盾

埃文·斯皮格尔与Snapchat

　　一个拥有一家盈利为零的公司的 23 岁年轻人，拒绝了 Facebook 创始人马克·扎克伯格开价 30 亿美元的收购，你怎么看待这个年轻人呢？他或许是自扎克伯格之后最自大的创业者吧。Snapchat 创始人埃文·斯皮格尔做出了这个在未来数十年都将备受争议的决定，这或许表明他并不像人们想象中的那般年少懵懂——毕竟在这个时代，20 岁的年轻人也可能具备 50 岁老年人的智慧，而他开发的"阅后即焚"式照片分享应用 Snapchat 在青少年市场产生了强大的号召力，促使该公司飞速发展。

　　尽管如此，人们还是难免会怀疑埃文·斯皮格尔的成熟度，专访这位年轻人的《福布斯》杂志记者科劳（J. J. Colao）本人也不例外。这篇报道背后还有一个有趣的小插曲：当《福布斯》杂志封面的这则故事在 2014 年首次刊登时，斯皮格尔在 Twitter 上发帖，否认其中他对于扎克伯格的一个关键且自大的评价细节，他还公开了似乎能够证实自己说法的一部分邮件往来内容。但记者科劳出示了采访录音资料，证实斯皮格尔确实表达过此种言论。最终结果表明，那封邮件的后半部分被斯皮格尔有意删减了，这也令斯皮格尔的否认更加站不住脚。仅仅是这么一个"巧妙"的公关之举，他就能一举打击扎克伯格、《福布斯》杂志和一大批早就满腹疑虑的科技界观察人士。这算是走向成功之路的减速障碍，还是"臭名昭著"的商业大亨成长史上的轶事之一？

10

如何面对创始人之间的矛盾
埃文·斯皮格尔与 Snapchat

20 12 年 12 月，史上最富有的、20 岁左右的年轻人——Facebook 创始人马克·扎克伯格向 Snapchat 创始人埃文·斯皮格尔的个人电子邮箱发了一封邀请信：来门罗公园一趟吧，我们互相认识一下。时年 22 岁的斯皮格尔，开发了一个能够将分享的照片在限定时间内自动删除的应用，不过还没能从中盈利。斯皮格尔与扎克伯格有不少相似之处，他们都跟一起创业的大学好友打过官司。斯皮格尔回复扎克伯格：见面没问题，不过要在我的地盘上。

没办法，扎克伯格只好以与建筑师弗兰克·盖瑞（Frank Gehry）面谈 Facebook 总部设计为借口，飞赴斯皮格尔的家乡洛杉矶，并安排在一套私人公寓里进行两人之间的秘密会面。当斯皮格尔和 Snapchat 联合创始人兼首席技术官鲍比·墨菲（Bobby Murphy）出现时，扎克伯格已经准备好了一套特别的议程，试图打击两人对 Snapchat 的发展愿景。扎克伯格介绍了 Facebook 新推出的照片分享移动应用 Poke，该应用也具备定期自动销毁照片的功能，而且很快会正式上线。为了增强效果，扎克伯格还将把 Facebook 硅谷总部外的大指示牌从大拇指竖起的"赞"图标换成 Poke 的图标。据斯皮格尔回忆说："扎克伯格基本上就等于宣告'我们将彻底打垮你们'。"

斯皮格尔和墨菲回到办公室后，马上为 6 位员工每人订购了一本《孙子兵法》。

对于 Facebook 这个互联网巨头而言，Snapchat 是眼下最大的威胁。现在的青少年已经吸取了年长的哥哥姐姐们未能吸取的教训：发表在社交媒体上的内容，不论恰当与否，都将永远保留在网络上。因此，Snapchat 拥有的、媲美电影《谍中谍》中"阅后即焚"的图片销毁技术吸引了大量青少年。

据《福布斯》杂志估计，至 2014 年年初，有 5 000 万名用户注册了 Snapchat，他们的平均年龄是 18 岁。与此同时，Facebook 不否认其青少年用户正在锐减，目前的用户平均年龄已接近 40 岁。

扎克伯格很清楚这一点，这也解释了他为何一上来就要给斯皮格尔一个下马威。2012 年 12 月 21 日，当 Poke 正式上线时，扎克伯格发了一封电子邮件给斯皮格尔，让他好好享受这一刻。斯皮格尔早就注销了自己的 Facebook 账户，他火急火燎地喊墨菲去看一下 Poke 到底长什么样。墨菲看完后，郁闷地告诉斯皮格尔：Poke 简直就是照搬 Snapchat 的一个副本。

双方开始鏖战，在这个过程中发生了一件有趣的事。上线第二天，Poke 就登上苹果手机应用商店下载排行榜榜首。不过三天后，就在 12 月 25 日，Snapchat 在猛烈宣传下重夺第一，Poke 却跌出排行榜单 30 名开外。这一次，斯皮格尔笑了："那就像一个节日祝福：'圣诞快乐，Snapchat!'"

这样一来，2013 年秋天发生的事也就理所当然了。当时，扎克伯格再次联络斯皮格尔表达收购意向，这次他的开价之惊人、条件之优厚令人难以置信。据内部人士透露，Facebook 开出了 30 亿美元现金的收购价，而 Snapchat 只是一款上线仅两年，既没有实现营收也没有营收时间表的应用软件，但 Facebook 拒绝就此发表评论。

更加令人难以置信的是，斯皮格尔拒绝了扎克伯格！这是过去多年来最受争议的一项商业决策，毕竟其中牵涉令人头晕目眩的数字计算。据《福布斯》杂志估计，当时斯皮格尔和墨菲各自持有 Snapchat 约 25% 的股份，这意味着他们双双放弃了 7.5 亿美元的天降横财。"我能理解 Snapchat 在战略上的重大价值，"一位资深风投家表示，"但它值 30 亿美元吗？我不这么认为。"

尽管如此，对于熟悉斯皮格尔和墨菲为团队购买的那本启蒙兵书的人来说，这个决定有源可溯。《孙子兵法》第六篇《虚实篇》中专门讲到，要抓住敌人暴露弱点的部位和时机，痛击其软肋。斯皮格尔和墨菲察觉到了这个时机，两人坚信，**与其卖掉 Snapchat，不如把目标放在颠覆现有社交媒体体系上**。他们决定利用 2013 年 12 月筹集到的 5 000 万美元"战备基金"放手一搏，当时公司的估值不到 20 亿美元。"全世界能够创造出Snapchat 这种产品的人又有几个呢，"斯皮格尔说，"我认为用这种伟大的创意去换取短期收益没什么意义。"

明眼人看得出来，这位仍然居住在父亲房子里的 23 岁年轻人口中的"短期收益"显然相当于 7.5 亿美元的价值。追求长期收益的斯皮格尔，要么成为下一位拥有亿万身家的商业奇才，要么就将为那些狂妄自大的年轻人谱写一曲警世悲歌。

不想为别人打工，就开创自己的事业

埃文·斯皮格尔身高 1.85 米，身形颀长，穿着休闲衬衫、名牌牛仔裤和纯白色运动鞋，看上去像一个稚气未脱的青涩少年。他坐在位于洛杉矶威尼斯海滩的 Snapchat 新总部里，这是他首次接受媒体深度专访。访谈期间，他时而开怀大笑，时而冰冷注视，偶尔抓一把小熊软糖或者金鱼饼干塞进嘴里。他的谈话充满了"就像"和"随便啦"之类的口头禅。虽然斯皮格尔在政治、音乐和其他技术话题上个人观点明确，但是提到作为公司 CEO 的基本话题，例如，理想中的管理团队或者 Snapchat 的长期愿景，他却不愿意多谈。

不过，如果拥有足够的耐心——我和他的一次谈话持续了两个半小时，你将了解到关于斯皮格尔成长的完整幕后故事，并且这个故事与其"亦敌亦友"的扎克伯格的经历，有着出奇的相似之处。

跟扎克伯格一样，斯皮格尔家庭条件优渥，是两位成功律师的长子。母亲梅丽莎毕业于哈佛大学法学院，在斯皮格尔出生前从事税法工作；作为诉讼律师的父亲约翰毕业于耶鲁大学法学院，曾是诸如谷歌公司创始人谢尔盖·布林（Sergey Brin）和华纳兄弟公司的代理律师。一家人住在加利福尼亚州马里布海滩东边的太平洋帕利塞德（Pacific Palisades）高档社区。与扎克伯格一样，斯皮格尔从小就是个书呆子，他沉醉于科技世界，并且在小学六年级时打造了自己的第一台电脑。读初中时，他经常在学校的计算机实验室里钻研 Photoshop 图片处理软件，周末总泡在当地一所高中的艺术研究室里。"我当时最好的朋友是我的计算机老师丹。"斯皮格尔笑着说。

读高中时，斯皮格尔就开始显现出扎克伯格展现的那种胆量。他在俱乐部和酒吧里推销红牛饮料，利用父母的离婚要些小手段。他先是搬去和父亲同住，因为他允许斯皮格尔自由布置房间并且邀请朋友来访。"我办了一些乱七八糟的派对。"他得意地笑道。但当父亲拒绝为他租一辆宝马550i 汽车时，他便搬去和母亲一起住。几天后，他得到了那辆宝马汽车。后来，除了读大学期间，他一直都住在父亲家里。那是一栋坐落在海岸北部 800 米的石砌豪宅。"很多事情都瞬息万变，能有个固定住所也不错，"他像是为自己找了一个理由，"而且那所房子的造型也挺漂亮的。"

斯皮格尔修了斯坦福大学的产品设计课程，他在 2010 年读大二时又搬到 Kappa Sigma 兄弟会的宿舍。当时鲍比·墨菲是斯坦福大学数学和计算机科学专业的大四学生，就住在斯皮格尔宿舍走廊的对面。"我们觉得自己不酷，"墨菲在谈到兄弟会时说，"所以我们想创造出一些酷的玩意儿。"

斯皮格尔十分健谈，但他对自己所说的每句话都经过深思熟虑。而出生于加利福尼亚州伯克利一个政府公务员家庭（母亲是菲律宾移民）的墨菲则沉默寡言。"我觉得墨菲就像个僧人，"Snapchat 首位员工大卫·克拉维茨（David Kravitz）说，"我从未看到过他烦躁不安。"在斯坦福大学，是墨菲聘请了斯皮格尔，让他帮忙设计一种灵感来源于谷歌圈子（Google Circles）的在线社交网络，但这个项目最终没能做出什么名堂。

不过，斯皮格尔很快就开始受到关注。斯坦福商学院兼职教授彼得·温德尔（Peter Wendell）开设了一门很受欢迎的研究生课程"创业与风险资本"（Entrepreneurship and Venture Capital），有一次财捷集团（Intuit）创始人斯科特·库克（Scott Cook）在做嘉宾讲座时提出了一个问题，而斯皮格尔的回答令他印象深刻。"讲座结束后，我评论了这位学生的回答中展现的智慧和理性，"库克说，"而温德尔教授告诉我：'如果你知道他不是 MBA 学生，可能会更惊讶。'事实上，他只是一个来旁听的本科生。"库克很快聘请斯皮格尔加入财捷集团的一个项目，该项目主要负责通过手机短信在印度传播网络信息。

但斯皮格尔并不满足于仅仅为别人打工。2010 年夏天，他和墨菲开发了 Future Freshman 软件，这是一套帮助家长、高中生和辅导教师申请大学的在线软件。"它最后变成了一个超乎想象的、功能齐全的网站。"墨菲回忆说。"但问题在于，我们可能只有 5 个用户。"斯皮格尔说。

这时，命运打开了另一扇门。Kappa Sigma 兄弟会的一位成员雷吉·布朗（Reggie Brown）走进斯皮格尔的宿舍，说起他后悔发给某人的一张照片，随后发生的事情就像电影《社交网络》剧情的翻版。

价值百万的创意与备受争议的所有权

虽然 Snapchat 的所有权问题仍然备受争议，但各方似乎都认同其起源：布朗曾说过一句类似"我希望有款软件可以使发送出去的照片自动消失"的话。布朗以诉讼未决为由拒绝接受《福布斯》杂志的采访，但包括一份泄露证词在内的大量法庭文件印证了他对此事的说辞。根据布朗的证词，斯皮格尔当时变得"兴奋不已"，并且反复把布朗的那句感叹称为"价值百万美元的创意"，而斯皮格尔承认他当时很兴奋，但对"价值百万美元的创意"这句话不予置评。那天晚上，他们着手寻找开发人员。布朗称有两位候选人谢绝了邀请。最后，他们找到了刚刚毕业的墨菲。

最初的角色分工非常明确：墨菲担任技术总监，布朗担任营销总监，斯皮格尔担任 CEO。斯皮格尔在他参加的一堂设计课上进一步完善了该创意。第一代产品是一个笨拙的网站，要求用户上传照片并在发送前设定自动销毁的时间。后来他们灵机一动，把这个创意应用到移动领域。"当时就好像是突然有人提到：'嘿，用手机拍照不是更方便吗？'"斯皮格尔说。

斯皮格尔在那堂课的最后时间向一群风险投资者进行了创意推介。布朗为这款应用取了个名字叫"Picaboo"，而墨菲每天废寝忘食地工作 18 个小时开发出产品原型。"风投人的基本态度就像'嗯……感谢向我们展示你们的项目'。"斯皮格尔回忆说。一位投资者建议他与连锁零售商百思买公司合作。很多人甚至不明白，为什么人们想要发送会自动销毁的照片。

Snapchat 的第一个版本于 2011 年 7 月 13 日登陆苹果手机应用商店，但反响平淡。"Instagram 曾经创造过一个神话，那款应用上线首日的下载量达到 2.5 万，可惜那一幕没在我们身上重现。"墨菲感叹道。斯皮格尔团队还解决了该产品的一个潜在致命缺陷——接收方可以使用屏幕截图，从而使将来会消失的照片永久保存下来。解决方法是，如果照片被截屏，发送方就会收到提示，这是很有效的社交威慑。然而，到那个夏天结束时，Picaboo 只有 127 名用户。实在太可悲了。布朗有点戏谑地考虑不如把这款应用定位为发送色情照片的工具，他在一篇新闻稿的草稿上写道："用 Picaboo 和男朋友互发艳照，只能看不能存！"墨菲的父母督促他找份正经工作，而斯皮格尔似乎打算重组团队。布朗后来的法庭证词显示，他无意中听到斯皮格尔和墨菲密谋找人取代他。

最终让他们分道扬镳的是股权分配问题。一个月后，返回南卡罗来纳州家中的布朗打电话给两位创业伙伴，并提出了他的想法。墨菲的证词显示，布朗想要公司大约 30% 的股权，并列举了他的贡献：创意来源、Picaboo 这个名称，以及该软件如今非常有名的幽灵标志。斯皮格尔和墨菲反驳说，他根本不配拥有那么多的股权。墨菲回忆道，当布朗宣称他为斯皮格尔和墨菲"指引了方向"时，愤怒的斯皮格尔挂断了电话。斯皮格尔和墨菲修改了这款软件的管理员密码，断绝了与布朗的联系，他们之间只剩几封言辞激烈、有关未决专利的电子邮件往来。布朗"出局"了，就像 Facebook 创业史上的温克莱沃斯（Winklevoss）双胞胎兄弟和爱德华多·萨维林（Eduardo Saverin）一样，只不过这次发生在 Snapchat 的布朗身上。颇具讽刺意味的是，在斯皮格尔和墨菲对布朗的诉讼中，Snapchat 聘请的法律团队正是当年代表温克莱沃斯兄弟起诉 Facebook 的同一个团队。

接下来，Picaboo 由斯皮格尔和墨菲两人共同运营。不久，他们收到了一封同名相册公司发来的名称终止函，于是正式更名为 Snapchat。"这仿佛是上天赐给我们最美好的祝福。"斯皮格尔说。虽然他和墨菲为 Snapchat 增添了截屏提示功能，但看上去仍然难以避免重蹈 Future Freshman 当年的覆辙，即成为一款功能完备但却没人使用的产品。于是斯皮格尔回到斯坦福大学继续读大四，墨菲则在旧金山的 iPad 分销公司 Revel Systems 找到了一份编程的工作。

那年秋天，Snapchat 开始展现出强劲势头。当用户人数接近 1 000 时，一个奇怪的模式出现了：该应用的使用高峰出现在上午 9 时至下午 3 时之间——这正好是学校的上课时间。斯皮格尔的母亲向侄女提到过 Snapchat，侄女所在的加利福尼亚州橘郡（Orange County）高中校方禁用了 Facebook，因此

> 学生们很快在学校统一发放的 iPad 上安装了 Snapchat，从此他们就能在上课期间传递照片字条，只不过更妙的是，证据还会被自动销毁。到了 12 月份的假期，学生们拿到了更新、更快的苹果手机后，Snapchat 的用户飙升至 2 241 人。次年 1 月，用户为 2 万人，到 4 月时达到 10 万人。

但在用户激增的同时，服务器维护费用也水涨船高。斯皮格尔用爷爷给的钱支付了部分费用，而墨菲不得不拿出自己的一半薪水。当月开销逼近 5 000 美元时，两人急需外援。

正当此时，光速创投（Lightspeed Venture Partners）合伙人杰里米·刘（Jeremy Liew）雪中送炭。据该合伙人的女儿说，在她就读的硅谷高中，Snapchat、Instagram 和愤怒的小鸟是最受欢迎的三个应用。但想要找到斯皮格尔和墨菲并不容易，他们的网站上没有联系方式，在职业社交网站 LinkedIn 的 Snapchat 公司页面上也没有联络方式。最后，刘通过域名查询服务 "Whois" 查询网站域名所有者，才发现一家注册在斯皮格尔名下的、不起眼的小公司，并通过 Facebook 找到了斯皮格尔。"杰里米的头像是一张和奥巴马总统的合照，"斯皮格尔耸了耸肩说，"所以我猜他应该是个正经人。"

2012 年 4 月，光速创投向 Snapchat 投资了 48.5 万美元，这令该公司的估值达到 425 万美元。"那是我有生以来感觉最美好的时刻，"斯皮格尔说，"简直无与伦比。"钱到账的那天，斯皮格尔正在机械修理课的课堂上，他忙着更新苹果手机上的富国银行（Wells Fargo）账户。作为对扎克伯格的最后致敬，当看到钱出现在账户里的时候，他走向授课教授，退出了课程，并退出了斯坦福大学，而那时离他大学毕业只剩几个星期的时间。

做细分行业的领军人

自获得第一笔投资以来，Snapchat 公司规模不断扩张，已经换过三次办公地点。到 2014 年年初，70 人的员工队伍仍然称得上精干。最新的办公地点以前是个艺术工作室，距离加利福尼亚州威尼斯海滨大道只有一个街区。这处办公地非常隐蔽，外人只能通过一个小小的幽灵标志来辨认。不过，令 Snapchat 得以呈现病毒式传播的大部分开发工作都是在 2012 年完成的，当时公司的总部还位于斯皮格尔父亲的家中。"斯皮格尔单独找我们谈话，说服我们从斯坦福辍学，并搬到洛杉矶去。"与克拉维茨一起被招募进 Snapchat 的员工丹尼尔·史密斯（Daniel Smith）回忆说。

团队夜以继日地工作，晚上就睡在斯皮格尔父亲家里。史密斯住在斯皮格尔妹妹的房间，房间里装饰着充满女孩子气息的橙色和粉色波点图案，斯皮格尔回忆说："那简直让人焦虑症发作。""鲍比的习惯是修改完代码之后才去睡觉。"斯皮格尔说，而他自己会在接下来的时间里调试代码。"我会在早晨醒来时大叫：'哦，天哪！'"墨菲补充说，"直到现在，我还会做他踩着脚'嘎嘎嘎'下楼梯的噩梦。"

这种工作安排居然表现出极高的效率。光速创投合伙人杰里米·刘说："他们可以直接讲粗话评论对方的工作，这反倒令他们的创意更棒。"最终诞生的并不是一款类似 Facebook 的社交工具，而是可能颠覆整个社交媒体的新产品。

凭借好运气和精湛的设计，Snapchat 为 Facebook 带来了三大威胁：

● 第一，它更加私密并且具有排他性。就像 Facebook 从互联网上匿名的茫茫人海中提炼出你的熟人，Snapchat 把你的世界从

Facebook 好友——这里面包括生疏已久的大学校友和絮絮叨叨的三姑六婆，进一步缩小到手机联系人的圈子里。换句话说，也就是你真正有话可聊的那些人。

● 第二，Snapchat 被认为代表了"年轻"和"酷"。大多数青少年或许可以在 Facebook 上找到自己的爷爷奶奶辈的家人，而 Snapchat 移动先行的血统使之获得了"应用一代"的认可，在这代人眼中，个人电脑就像他们父母那代人眼中的黑白电视机。

● 第三，在斯诺登"棱镜门"事件、父母利用 Facebook 监控子女，以及"色情报复"（即为了报复而将前任恋人的艳照公开）等现象泛滥的时代，"阅后即焚"的照片自动销毁功能引起了越来越多人的共鸣。"这不是一款愚蠢、平凡的短信应用，"杰里米·刘坚称，"它能够让人们回到过去，回到那个不必担心自我审查的时代。"

一个完整的行业体系分支，即所谓"转瞬即逝"或暂时性的社交媒体，由 Snapchat 引领出现。除了早已淡出人们视野的 Facebook 的 Poke 应用，还有类似 Snapchat 和 Twitter 混合体的 Chipchat、"阅后即焚"式短信服务 Wickr 以及其他数十款应用，它们共同将数字交流方式的界限推回到曾经电话交流的状态——这种交流方式下产生的信息很难会在日后反咬你一口。

不过，那些应用都沦为斯皮格尔和墨菲的跟风者，Snapchat 在他俩手中演变得更加轻松、有趣。2014 年，Snapchat 与美国联邦监管机构达成协议，停止言过其实的夸大宣传，并且通过一系列功能改进，确保传播的信息彻底消失。在查看 Snapchat 信息时，用户需要用一根手指按住自己的手机屏幕，这样查看者就更难利用另一个相机把图像拍摄下来。现在，Snapchat 还推出了"阅后即焚"的视频功能。青少年十分欢迎这种媒介方式，毕竟这让他们爱刺探消息的父母或者未来的老板无法轻易得逞，与此同时，成年人也赶上了这股潮流。总体算来，Snapchat 用户在 2014 年年初每天发送的图片和视频数量达到 4 亿条，这与 Facebook 和 Instagram 加在一起的每日上传量不相上下。

"我们投资 Snapchat，当然不是为了以后转手赚差价。"风投公司标杆资本的合伙人和 Snapchat 的董事会成员米奇·拉斯基（Mitch Lasky）表示。标杆资本曾在 2009 年投资 Twitter，也是 Snapchat 公司 2013 年募集的 1 350 万美元融资的领投方。此外，Snapchat 还从机构风险合伙公司（Institutional Venture Partners）那里募集到 6 000 万美元。

既要快速增长，又要创造利润

Snapchat 在惊人的用户增长、公司估值、独立发展的未来蓝图之下，仍有一项关键要素缺失，那就是营收。亚洲市场提供了一种可能的机遇。在那里，一部分大受欢迎的移动消息服务通过应用内购买的方式从用户那里赚到了钱。当谈及营收时，斯皮格尔提供的路线图好像是照着台词念出来的："先是应用内购买交易，然后是广告，这就是我们的计划。"

深入探究一下斯皮格尔提到的那些公司，带来了更多问题而非答案。中国互联网巨头腾讯公司旗下的微信鼓励用户订阅知名公众微信号和购买实体商品，但它主要还是一款消息应用，而且其发送的消息也不会消失。韩国的 KakaoTalk 和日本的 Line 通过移动游戏赚钱，这种营销策略似乎不太适合 Snapchat。当然，在亚洲市场，付费表情包、表情符号和动画等数字化商品也都是盈利工具，但斯皮格尔似乎不同意这种做法。"我们要以 Snapchat 自己的方式盈利，"他说，"但不会靠卖表情包。"

通过广告创收同样难以把握尺度。Snapchat 赢得用户的核心竞争力是"隐私受保护，图片无影踪"，但这会令多数社交媒体公司依赖的定向广告投放难以操作，因为 Snapchat 对用户的电子邮件、年龄和手机号码之外的信息所知甚少，此外，广告也会消失！

但 Snapchat 拥有一项任何数字广告商都不具备的优势，那就是能够确保用户参与。用户必须用自己的手指按住一张照片或一段视频才能进行查看，这同样适用于任何投向该受众群的广告。Snapchat 可以确定无疑地告知广告商，他们的广告是否被浏览过。在以指标为导向的数字化广告界，这是一个非常罕见的优势。

跟 Facebook 一样，Snapchat 也可以向开通品牌账号的商业用户收取费用。本田讴歌（Acura）、连锁餐饮品牌塔可钟以及美式橄榄球球队新奥尔良圣徒队（New Orleans Saints）已经在使用 Snapchat 发布最新产品以及幕后花絮。Snapchat 推出的故事功能（Stories），可以让用户展示过去 24 小时内的 snap 信息集锦，这对想要讲述一个长篇故事的品牌来说非常有用。例如，在线服饰零售商 Karmaloop 使用该功能展示了标注优惠券代码或者身着新品的模特造型剪辑；其他品牌如冷冻酸奶连锁店 16 Handles 则在 Snapchat 上尝试了"爆炸优惠券"的促销方式。

在大学时代，斯皮格尔和墨菲在适应新兴平台方面显得有些迟缓，如今他们提高警惕，尽量不犯类似的错误。例如，2013 年 9 月，Snapchat 发布了适用于三星智能手表（Samsung Galaxy Gear）的应用版本。"人们还没有开始思考如何在新系统平台上使用应用程序，"对冲基金蔻图资本管理公司（Coatue）的常务董事托马斯·拉丰特（Thomas Laffont）说，该公司刚为 Snapchat 注资 5 000 万美元，"大家都知道，在手机上点击一下你就能拍摄照片，再点击一下你就能将它分享出去。但是试想一下，如果要从谷歌眼镜向 Instagram 发布图片，难度该有多大呢。"

哎，了不起的 Instagram！扎克伯格的 Poke 应用可能已经走向衰落，但他仍然拥有 Instagram 这个同样出自斯坦福大学、价值 10 亿美元的新兴图片应用。事实上，Instagram 创始人凯文·斯特罗姆在 2013 年以 10 亿美元的价格把 Instagram 卖给 Facebook 的交易，常常被部分业内人士当作 Snapchat 应该拒绝 Facebook 先发制人的数十亿美元收购要约的理由，因为 Instagram 现在的估值可能是最初的 10 倍以上。扎克伯格对 Instagram 稍加改造，推出了 Instagram Direct 功能，再次向 Snapchat 发起攻击。这项功能是对 Snapchat 的模仿，但有一个关键区别：图片不会自动销毁，除非用户主动点击进去并删除图片。

还有一个问题令斯皮格尔和墨菲头痛不已：布朗提起诉讼，要求获得公司 1/3 的股权外加惩罚性赔偿。"我们要求得到的肯定超过 10 亿美元。"布朗的代理律师之一卢安·德兰（Luan Tran）表示。据消息人士称，Snapchat 迫切想要进入庭审程序，但疑似布朗律师团队泄露的取证视频显示，较之对手而言，斯皮格尔和墨菲显得更加含糊和健忘。"我只是希望这件事赶快解决，以免造成不必要的干扰。"标杆资本合伙人米奇·拉斯基表示。

众所周知，"成年人"已经参与到 Snapchat 公司事务中，其中包括从哥伦比亚广播公司挖来担任业务副总裁的菲利普·勃朗宁（Philippe Browning）以及从 Instagram 业务部挖来担任公司首席运营官的艾米丽·怀特（Emily White）。不过很显然，Snapchat 公司不想让《福布斯》杂志对这两人进行采访。

10

如何面对创始人之间的矛盾

埃文·斯皮格尔与 Snapchat

就目前来说，怀疑者们占据了上风。"这几乎成了一种老调重弹，每当某类产品拥有 5 000 万名日活跃用户时，总有人会指指点点说：'他们还没赚一分钱呢。'"拉斯基说，"在这些产品的用户如此快速增长的同时，还期望它们创造利润，这是不公平的。"这种说法不无道理，因为之前有人也曾对 Twitter 和 Facebook 说过同样的话。不过，在 15 年前互联网泡沫破灭的前夕，后来被奉为先知的那些人也说过类似的话。Snapchat 会像 MySpace 那样惨遭失败，或者像马克·库班出售 Broadcast 网站那样从估值顶峰陡然跌落，还是会成就下一宗了不起的社交媒体首次公开募股？我们应该能够在 2016 年之前得到答案，而那时斯皮格尔的年龄也正好到了更为成熟的 25 岁了。

YOU ONLY HAVE
TO BE RIGHT
ONCE

THE
UNPRECEDENTED
RISE OF THE
INSTANT TECH
BILLIONAIRES

11

如何从创业者转型为管理者

大卫·卡普与Tumblr

扫码关注"未来创客"

回复"Tumblr"

查看相关视频

在一群体态各异的"数码怪才"同侪中，大卫·卡普（David Karp）从外形上来看倒是鹤立鸡群。他有一头披头士乐队鼓手林戈（Ringo）式的蓬松棕发，1.85 米的身高，体重还不到 65 千克，有着竹竿般的身材和螳螂似的细长手臂。或许是为了掩饰自己太过瘦削的身材，这位 Tumblr 创始人时常身着休闲衬衫，并且把袖子捋到胳膊肘以上。我们在为身穿西装的卡普拍摄《福布斯》杂志封面照片时，时尚总监约瑟夫·迪阿切蒂（Joseph DeAcetis）不得不把卡普的衬衫袖子剪掉并且拉下来，这样袖口才能从外套里露出来。《时尚先生》杂志（Esquire）把这件事披露了出来，一时间传得沸沸扬扬。与卡普这种大男孩体形相伴的是他的体贴和可爱。可以这么说：在一群商业狂鲨中，卡普就像一位艺术家，一直对赚钱怀有矛盾心理。不过，在这个时代，如果你创造了人们需要的东西，金钱自然会滚滚而来。这是 2012 年《福布斯》杂志记者杰夫·伯克维奇（Jeff Bercovici）在与卡普和 Tumblr 团队相处一段时间后发现的事实。2013 年 5 月，雅虎以超过 10 亿美元的价格收购了 Tumblr，并且额外支付给卡普这位"艺术家"近 1 亿美元，以激励他完成自己的大师之作。

11

如何从创业者转型为管理者
大卫·卡普与Tumblr

大卫·卡普正在经历人生道路上的一个重要仪式，这也是互联网社交时代年轻大亨们的必然之举：他在为自己置办一套与身份相称的豪宅。正如马克·扎克伯格花 600 万美元买下的华贵而又低调的府邸，肖恩·帕克花 2 000 万美元购置的存放豪车、举办派对的曼哈顿别墅一样，卡普的选择也透露出他自己及其 2007 年创建的博客平台 Tumblr 的不少信息。这栋价值 160 万美元、面积约 160 平方米的 Loft 公寓，对于一位身价超过 2 亿美元的 28 岁年轻人来说实在太简朴了，不过他还打算再改造一下。做出这个选择的一部分原因是，这间公寓位于堪称全球嬉皮士之都的纽约市布鲁克林区威廉斯堡，在这里讽刺戏谑的意味远胜过炫耀张扬，而卡普本人也几乎是邻里间最富有的人了。不过，这间公寓最为鲜明的特征在其内部，里面几乎什么都没有。除了一间简单的卧室和一个半空的橱柜。起居室里只有一套沙发和一台电视机。房子里唯一一块显示了富人特质的空间，就是接近餐厅标准的厨房，这主要是为卡普的女朋友瑞秋·伊克利（Rachel Eakley）准备的，因为她是一名优秀的厨师。"我没有多少书，也没几件衣服，"卡普耸耸肩，"我很惊讶，为什么别人家里有那么多的东西。"

"他好像只有三样东西，"Tumblr 的第一名员工，也是很长时间以来唯一的员工马可·阿蒙德（Marco Arment）也证实道，"他总是想尽办法试图摆脱一些东西。"甚至连卡普本人的外形也十分"简约"：一身西装尽管剪裁得体，但当他坐立不安的时候，总会在他那 1.85 米的瘦高身材上晃晃荡荡。也许正因为如此，他的身体才能够燃烧那么多热量，并且一直保持着瘦削的体形，就像一个大男孩儿。"我一直比标准体重偏瘦 18 千克左右。"卡普说。

对于 Tumblr 这位现任 CEO 来说，**极简主义并不只是一种审美需要，它还是保持自由的关键要素。**卡普去旅行时不会提前很多天规划行程，只会携带必要的轻便行李，即便是去日本旅行也是如此。"我幻想自己是电影《谍影重重》里的杰森·伯恩（Jason Bourne），或者《007》里的詹姆斯·邦德（James Bond）那样的特工，来去自如。"他说。据硅谷风投公司红杉资本合伙人、Tumblr 董事之一的鲁洛夫·博塔（Roelof Botha）回忆，"有一次，他到纽约参加董事会会议，只带了'最小的那种行李包'，大卫看了我一眼，然后说道：'你真的要带那么多东西吗？'"

成功法则 YOU ONLY HAVE TO BE RIGHT ONCE

　　卡普对极简主义风格的追求也体现在 Tumblr 的开发上。别人把 Tumblr——博客和社交网络的双重革命产物，看作一种新型交流工具，而卡普却从中发现了令以上两者更为简易和直观化的可能性。Tumblr 的诞生，降低了创建更具活力和美观度的网站的门槛，并且通过积极强化社交网络的方式获得了更多回报。

　　如果说 Facebook 是你与现实中的朋友进行网络互动的工具，

11

如何从创业者转型为管理者
大卫·卡普与 Tumblr

Twitter 是你了解时下热门新闻的载体，那么 Tumblr 带来的体验可以被概括为：人们公开地表达自我。与前两种社交网络一样，Tumblr 页面也是以发帖为主要内容，但却更为感官化和情绪化，用户可以在上面分享照片、歌曲、幽默段子、动画视频和心灵鸡汤。在 Tumblr 编辑整理的首页推荐中，一名摄影记者记录的阿富汗视觉日记下面紧跟着的，可能是一名漫画家绘制的印象派风格黑武士（Darth Vader）系列，再下面可能就是长得像奥巴马总统的仓鼠图集。

在 Tumblr 页面纷繁错综的信息流中，用户可以通过控制面板界面厘清头绪，从而寻找和关注其他用户，并且查看自己的帖子收到的反馈。被"点赞"是一种鼓励，被"转帖"就更好了，说明其他用户真的很欣赏你的帖子，因此想要与朋友们分享。在 Tumblr 上创建这些多媒体内容很简单：主页的 7 个按钮可以帮助你一键添加文本、照片、超链接、视频、音乐、对话或者引文。

Tumblr 快速发展起来。根据媒体评测和网络分析公司 Quantcast 的数据，2012 年 11 月，Tumblr 超越微软公司的必应搜索（Bing），成功跻身互联网十大最热门网站之列，其浩如烟海般的用户创建网页吸引了将近 1.7 亿名访客。自此以后，该网站上的博客数量又翻了几番，达到 1.82 亿个——而这些注册用户每天发布超过 1 亿篇博文，如今网站的博文累计总数接近 1 000 亿篇。2011 年 9 月，经过最后一轮融资后，Tumblr 公司的估值达到 8 亿美元。2013 年春，当该公司寻找新一轮融资时，雅虎以超过 10 亿美元的价格对其做出了收购要约，此举令卡普持有的约 25% 的股份价值达到了 2.5 亿美元。

对卡普来说，这并不是故事的结局，而仅仅是一个开始。雅虎决定以价值 8 100 万美元的额外现金和股份作为薪酬，聘请卡普再为 Tumblr 工作 4 年。Tumblr 公司如今面临三大挑战：

● 第一，保持持续增长；

● 第二，真正实现盈利；

● 第三，大卫·卡普这个创意十足的天才和毋庸置疑的极简主义者，是能够带领 Tumblr 走上辉煌之路的正确选择。

"这一路险象环生，铺满了那些在错误时刻做出错误行动而灭亡的公司残骸，就像曾经惨败的 MySpace 一样，"在雅虎收购 Tumblr 之前，美国高德纳咨询公司的分析师布莱恩·布劳（Brian Blau）说出这样一番话，"必须要谨慎走好每一步。"

卡普风头正劲。2012 年飓风桑迪（Hurricane Sandy）袭击美国事件发生后，大量资讯信息流入纽约多家媒体报道中心，导致《赫芬顿邮报》（*Huffington Post*）、高客网（Gawker）和 BuzzFeed 这三家新闻网站瘫痪，它们只好把 Tumblr 作为临时新闻发布平台。好莱坞也注意到了 Tumblr，其制作的 4 部网络电视节目灵感都源自 Tumblr 的精华帖。此外，当《牛津美语辞典》将压缩图像格式"GIF"评选为 2012 年年度词汇时，Tumblr 正是把这个科技名词推广到主流话语领域的重要平台。"我们过去一年的成长完全超越了过去几年的表现，"卡普说，"说实话，我从来没想过我们会走到这一步。"

从某种程度上来说，卡普也从未有过这样的期望。Tumblr 还处在成长阶段，就像任何家有儿女或者肩负房贷的人会告诉你的，那意味着代价昂贵的各种难题。"互联网媒体的营收压力越来越大。"新闻网站高客网老板尼克·丹顿（Nick Denton）表示。而曾经对广告营销不屑一顾的卡普，2012 年也同意在 Tumblr 上打广告了，市场调研公司 PrivCo 的数据显示，该年度 Tumblr 实现了 1 300 万美元的广告收入。2013 年，Tumblr 期望广告营收额能够跃升至 1 亿美元，可惜这并未实现：据雅虎称，Tumblr 的销售额仍然"不值一提"。

尽管此次收购缓解了 Tumblr 在盈利方面的直接压力，但雅虎的耐心是有限的。投资者希望雅虎 CEO 玛丽莎·梅耶尔能够为 Tumblr 公司长期止步不前的营收额加一把劲，而梅耶尔明确表示，在卡普领导下的 Tumblr 是雅虎公司未来盈利的重要增长点。

让合适的人做合适的事

卡普走上通往 Tumblr 的这条路之前，只是一位痴迷于互联网科技的少年。即使在他就读的美国老牌精英学校纽约布朗克斯科学高中（Bronx Science），他也是一名出类拔萃的学生。卡普的母亲是曼哈顿上西区一所学校的老师，父亲是一位音乐家，他还有一个弟弟。父母都明白卡普需要更多途径去追求自己的爱好。于是，卡普的妈妈找到了弗雷德·赛伯特（Fred Seibert），他是卡普一家的朋友，他的孩子也是卡普母亲的学生。赛伯特曾任音乐电视频道和汉纳 - 巴伯拉动画制作公司（Hanna-Barbera）的高管，他本人也经营着一家动画制作公司。"大卫的妈妈跟我说：'弗雷德，你的公司有电脑，对吧？'"赛伯特回忆，"你知道，我们家 14 岁的儿子迷上了电脑。他能去你的办公室看看吗？"

"我当时紧张坏了。"卡普回忆起第一次会面时这么说道。但他对那些电脑工程师们所做工作的痴迷压倒了自己内心的惶恐。后来他经常去参观。直到有一天，据赛伯特回忆："那天他跟我说：'我以后天天都能来这里啦，我打算以后在家上学。'"根据对招考数据的研究，卡普认为这是自己进入麻省理工学院学习的最佳途径——因为他也认定了麻省理工学院是培养计算机工程师的最佳去处。他开始在日本协会（Japan Society）学习日语，并接受一位数学老师的辅导，他们还合作开发了一个玩"二十一点"和扑克牌时能够赢钱的软件。

不过卡普最终没能去麻省理工学院读书。当同龄人正在申请大学的时候，卡普在育儿网站 UrbanBaby 担任产品经理，该网站于 2006 年被 CNET 科技资讯网收购后，卡普利用自己出售股份得到的资金开始创业。他建立了自己的小型咨询公司 Davidville，同时开始自主研发产品。他为赛伯特的公司建立了一个多用户的博客平台，但自己却并不满意。"一天他跑过来跟我说：'这个博客太难用了，你不觉得难用吗？'"赛伯特回忆说，他当时根本不知道卡普在说什么。当他明白卡普所说的内容已经超出了自己的认知范围后，塞伯特转而向自己的投资人之一 ——风投公司星火资本的毕扬·萨贝特（Bijan Sabet）求助。

"弗雷德打电话跟我说：'嘿，你得在大卫身上多花点时间，他的才华令人难以置信。'"萨贝特回忆道。他们聚到了一起，卡普向萨贝特展示了自己开发的一款应用程序，它可以令创建和分享各种数据信息（文本、照片、视频和超链接）变得超级简便，那就是 Tumblr。"我惊呆了，"萨贝特说，"我从来没有见过如此美观的设计。"

但是，说服卡普把这个当作生意来做实在是太难了。"他不想被当作生意人。大卫没有把 Tumblr 看作其获利的工具，他只是把它当作一个让自己的生活更加美好的工具，"赛伯特说，"他先前的确显示出了一种热情，但却不是创建一家公司的热情。"

"2007 年的整个夏天，我基本上都在试图说服卡普围绕这个产品创建一家公司，"赛伯特补充说，"他当时的想法是'嘿，我自己那个咨询公司就挺好的'，不过，他也开始对创业公司产生了好奇。"当赛伯特第一次为卡普拿来风险投资的条款说明书时，卡普犹豫不决地说"给的钱太多，压力太大"。但当投资金额减少到 75 万美元，公司估值在 300 万美元时，卡普终于肯接受了。这笔融资由星火投资以及对创始人十分友好的广和投资（Union Square Ventures）两家公司共同牵头。

也可以说，卡普只是在一定程度上被说服，毕竟他最初的疑虑是在别人的百般说服下才打消的。在 Tumblr 从未成形的胚胎成长为庞然大物的过程中，卡普也不得不学着让自己的直觉和偏好让步于赛伯特、萨贝特和其他投资者。卡普把这些人统称为"我的导师"，并且用的是毕恭毕敬的语气，即使在自己与他们意见相左的时候也是如此。

意见分歧点之一在于 Tumblr 公司的规模。刚成立的第一年，Tumblr 只有两名员工，就是卡普和阿蒙特，卡普是从分类广告网站 Craigslist 上招到阿蒙特的。2008 年 4 月，他们又雇用了马克·拉封丹（Marc LaFountain）负责用户支持服务，但是拉封丹住在弗吉尼亚州，他们过了一年多才正式见面。"也就是说，就算我们有了一名员工，感觉也跟没有差不多。"阿蒙特说。

就在这个时候，卡普告诉萨贝特，自己一直在研究其他数字媒体公司的组织结构，包括只有 26 名员工的 Graigslist 网站，以及分别拥有近 1 000 名员工的 MySpace 和 Facebook。"他跟我说：'只要有 4 名员工，公司就能一直运营下去。'他竟然真的相信这一点。"萨贝特说。

但现实说明了一切。随着 Tumblr 的用户基数攀升到六七位数，网站出现了越来越多与稳定性相关的故障。产品修复和改进遭遇了瓶颈。"我们快要撑不住了。"阿蒙特说。

"我有时候是聪明反被聪明误，"卡普承认，"我缺乏先见之明，没能预先组建一个规模更庞大的工程师团队，这导致我们几个月都没喘过气来。如今我们如此高效的原因在于，我们的团队中有人曾经历过那样的窘境。"

不过这样做也有代价。Tumblr 的规模越大，卡普在自己并不擅长的事情上花费的时间就越多：讨好客户、吸引分析师、玩转雅虎高层政治、提高自身威信——对于内向寡言的卡普来说，这并不容易。"我们从来没见他发过火。"里克·韦布（Rick Webb）说，他曾经在营销公司野蛮人集团（Barbarian Group）任职，现在是 Tumblr 的"营收顾问"。

多年以来，Tumblr 公司的大部分商业事务都由约翰·马洛尼（John Maloney）主管，他是卡普聘请的 Tumblr 首任总裁，也曾是卡普在 UrbanBaby 工作时的上司。但随着 Tumblr 开始聘请大量高管处理商务时，马洛尼告诉卡普自己准备离开。"倒不是因为办公室政治的问题，"马洛尼说，"而是那个时候，公司人才济济，我觉得该离开去做自己的事了。"马洛尼于 2012 年辞职，卡普开始接替他的重任。

最近一段时间，令卡普夜不能寐的并不是错误代码的问题，而是公司团队的事情。"对于这些员工来说，我是一名称职的领导者吗？我给予他们应得的一切了吗？我为公司营造积极合作的氛围了吗？当感觉公司的运营稍有偏差，我就反复思考这些事，直到厘清头绪为止。"

自从马洛尼离开后，公司内部就开始商讨引进一位更厉害的"马洛尼"式人物，提供像 Facebook 的谢莉尔·桑德伯格（Sheryl Sandberg）那样的家长式监督，以便卡普能够专注于产品战略和公司愿景。"大卫是个聪明人，如果他想做管理当然就能做，但他并不以此为乐，那又何必强迫他呢？"来自红杉资本的鲁洛夫·博塔如此发问。当雅虎的收购令这件事变得毫无必要时，董事会仍在面试潜在候选人。

博塔还补充道：**"没有了大卫的 Tumblr 就不再是 Tumblr 了。如果我们想让这家公司取得非凡的成就，那么大卫必须成为核心业务团队的一分子。"**

一切都为了利润

对于 Tumblr 以及在卡普身上赌了 10 亿美元的雅虎来说，"非凡的成就"可以简化为两个字：利润。直到 2009 年，人们还普遍认为，社交平台上的广告和商业活动很难蓬勃发展起来，而用户对侵入私人对话框的广告和可怕的网络行为定位必然十分反感。

在成长的种种阵痛之中，Facebook 已经多次证实了社交网络的营收效力——Facebook 自 2009 年首次开始盈利，而 Facebook 公司近期的财报显示，其在移动广告领域的早期努力，如今已经占据了公司 80 亿美元年营收额的半壁江山。Twitter 公司尽管规模较小，但也运行在相同的轨道上，其 2013 年的广告营收额达到了 6.65 亿美元。

"现在的 Tumblr，就相当于两三年前的 Twitter。"萨贝特表示。如今，Tumblr 必须进化成为一个赚钱机器，但这显然不是卡普的长项：尽管他已经不再是那个孤芳自赏的青涩少年，但仍然太过害羞和内敛，既不会拍桌子训斥下属，也不会拍拍下属的后背来鼓舞士气。这也解释了为什么在被雅虎收购之前，Tumblr 从高朋网挖走了李·布朗（Lee Brown），他们聘请这位在雅虎公司工作了 10 年的老将成为 Tumblr 的销售主管，并为他配备了数十名销售人手，专注于拉拢像 AT&T、通用电气、AA 美国服饰（American Apparel）这样的赞助商。2014 年 2 月，雅虎宣布，Tumblr 的赞助商帖子将成为这家母公司全系产品中的"原生广告"[①]战略焦点。

在卡普取消他的"广告禁令"前，Tumblr 上真正的内容 - 货币转换是由其他人实现的。超过 100 位作者将自己的 Tumblr 博文汇编成书，其中一些还获得了制作公司的青睐，包括被哥伦比亚广播公司（CBS）看中的劳伦·巴切利斯（Lauren Bachelis）的作品《好莱坞助理》（*Hollywood Assistants*）和引起美国全国广播公司（NBC）关注的艾玛·柯尼希（Emma Koenig）的作品《去他们的，我才二十出头》（*Fxxk !I'm In My Twenties*）。不过，这两部作品最终都没有被搬上银幕。

Tumblr 的商业活动很大程度上围绕着"主题设计"的创意和使用上，主要针对那些希望美化自己页面的用户。"对于创建这些主题的人来说，这是一笔有利可图的生意。"Tumblr 旗下新闻板块 Storyboard 前主编克里斯·曼尼（Chris Mohney）介绍说（这个板块已于 2013 年关闭）。Tumblr 公司自身从这块业务中获利极少，据市场研究公司 PrivCo 的数据显示，Tumblr 从该项业务销售额中获得的分成加起来一年还不到 500 万美元。

---

① "原生广告"：行业用语，指将网站和产品的特征无缝嫁接融合的广告类型。——译者注

11

如何从创业者转型为管理者
大卫·卡普与 Tumblr

如果说 Tumblr 的早期盈利企图太低调，那么其野心可谓张扬。卡普提出要彻底改造互联网广告，并且还要在此过程中避开谷歌、Facebook 和 Twitter 已经走过的路。

在对以上这些公司产品的批判中，平常很有礼貌的卡普不留情面。他讽刺那些公司"对蓝色小链接亢奋不已"。2010 年，卡普的一条言论上了新闻头条，他公开宣称网络广告"令人感到反胃"，并表示绝不容许自己的网站上出现这种东西。此举令焦虑的投资者们敦促卡普赶快解释清楚，因为 Tumblr 的销售代表们已经开始给麦迪逊大道①上的广告公司打电话了。

以下是卡普对自己言论的解释：那些"蓝色的小链接"只有在极其有限的情况下才有效，即处在所谓的"销售漏斗"的最窄端才行。"也就是在你打算购买的时候才能吸引你。"卡普说。谷歌、Facebook 和 Twitter 可以将用户的行为定位和社交相关性数据综合起来，这样做成功的概率很大。但它们对于消费者的态度和感情影响甚微，那是所谓的"品牌营销"的任务。

目前，尽管大量的时间和金钱流向了互联网，但几乎所有品牌的内涵都是通过传统媒体表达的，尤其是电视。"品牌广告的市场价值达到 500 亿美元，但这些钱都没有留在互联网上。"Tumblr 的营收顾问里克·韦布表示。

卡普说，花 500 亿美元打广告的商家正在等待着合适的数字广告形式，它的艺术性和表达力能够在产品和观众之间形成一股情感纽带——就像电视剧《广告狂人》(Mad Men)中的浪漫化演绎，或者像超级碗广告那般令人心潮澎湃，它能让人们发笑、哭泣或者打电话给自己的妈妈。

---

① 广告业的代名词。——编者注

令 Tumblr 成为创意人士钟爱平台的那些工具，也会令
Tumblr 成为营销人员自由发挥的空白画布。品牌付钱给 Tumblr
并不是用来写博客的——人人都可以免费这么做，而是希望通过
网页广告或者精华帖的形式为自己的产品做推广。他们还可以付
钱通过"聚光灯"（Spotlight）的方式进行品牌推广，即作为"关
注对象推荐"出现在其他用户的博客界面上；也可以利用"雷
达"（Radar）的方式进行推广，也就是采用"编辑推荐"的方
式。这两个渠道加在一起，每天可以带来超过 1.2 亿次的展示量。
Tumblr 页面上的大部分内容都是自然流行的热门内容，其中只有
5%~20% 是付费推广的内容。相对而言，Tumblr 的收费较高：其
每千次展现量的价格（CPM）从 4 美元至 7 美元不等，这推动它
进入高端数字广告市场；而在 Facebook 上，最低支付 30 美分可
以换取一个小的通用横幅广告，而最高支付 10 美元则可以获得推
送到移动设备的社交网络广告。

广告公司 Droga5 利用 Tumblr 对卡夫食品公司（Kraft）新推出的、针
对年轻人的口香糖品牌 iD 进行了推广，其中一则广告内容是一幅恐龙 GIF
动画，通过"雷达"即"编辑推荐"的方式进行推广，据该公司数字战略
部门主管切特·高兰德（Chet Gulland）称，这则内容获得了 4 万多次互动。
其中有一半是"转帖"，这意味着用户将广告转发到自己的页面跟朋友们
分享。"这样的平台真的非常令人兴奋，在这里你可以接触到大量定位精
准的受众群体，而他们看起来也很乐意进行此类互动。"高兰德表示。

11

如何从创业者转型为管理者
大卫·卡普与 Tumblr

iD 口香糖在 Facebook 上也投放了广告，跟 Tumblr 一样，Facebook 也提供付费内容推广服务。但是，Facebook 主要新闻的算法管理最近发生了变化，这使得品牌在没有额外付费的情况下很难推广自己的产品，有人把 Facebook 的这种行为称作"敲诈勒索"。达拉斯小牛队（Dallas Mavericks）老板马克·库班在一篇博文中怒斥 Facebook 的这种改变，并表示在 Facebook 的铁腕政策下，该品牌可能考虑使用 Tumblr 作为替换平台。"大卫完成了一项了不起的工作，Tumblr 已经成为年轻人群使用的主流产品。以至于对很多人来说，Tumblr 正在取代 Facebook，成为每天上网必须登录的平台。"库班和卡普熟识已久。

另一个关键的不同之处在于私密度。Facebook 利用用户信息投放定向广告，相比之下，Tumblr 对用户个人隐私入侵较少。"我们不打算像 Facebook 那样，将'触角'深入到那种疯狂、可怕的隐私世界中，"韦布表示，"对公司而言，那是一条醒目的道德底线。"

那条醒目的警戒线可能会变成虚线。在融入雅虎大家族并获得其广告服务技术后，Tumblr 终于也开始使用用户的地点定位和性别信息，有针对性地推送广告了。不过，即使 Tumblr 学会了 Facebook 对于用户行为进行定位的那套把戏，但它能否达到同样水平的受众群体仍然值得怀疑，更不要说实现营收目标了。Facebook 致力于"让世界更加开放和互通"，而 Tumblr 的格言是邀请用户"关注全世界的创意者"。与艺术家亲近赋予了 Tumblr 独特的身份和现成的市场，但是从长远来看，这样的用户规模只能达到数亿而不是数十亿，也许并不是每个人都需要一个 Tumblr 博客。"我想知道，他们打算如何转变成与现在不同的样子，"高德纳咨询公司的布劳说，**"Tumblr 必须要改变一个看法，那就是认为自己仅为创意人群而生。"**

Tumblr 未来的发展面临着与其他成功的社交网络一样的重要挑战：如何顺利地适应迅速从笔记本电脑和台式机过渡到平板电脑和智能手机的用户，并且从中盈利。尽管 Tumblr 的简约设计和直观操作使其在这一点上具有很大的优势，但这仍然是关键的一步。"这家公司诞生在网页上，"萨贝特说，"或者说，Tumblr 并不是一家以移动为导向的公司。"

Tumblr 的部分移动应用最初是由外包完成的，用户评分很低。公司内部重新开发了应用，现在的评分比以前高多了。虽然 Tumblr 仍然没有完全弄清如何将其最受欢迎的一些功能，比如简化网页分享的浏览器书签，转变为移动应用程序，但如今工程师们花在移动应用上的时间是花在网页上的时间的三倍。

卡普在这方面悟性很高，而他的导师们也在他需要的时候不吝赞扬和批评。"在学习如何成为一名 CEO 的过程中，我犯的错误越来越少，"他表示，"这还要感谢我非常信赖的后援团队，他们从背后抓住我的衣服并对我说：'大卫，你应该集中注意力。'"

如今，当卡普产生修补的冲动时，他不会沉迷于代码，而是卷起衣袖，随便摆弄自己三辆摩托车中的某一辆。虽然这看起来似乎有悖于他反对囤物的原则，但相对于汽车，他喜欢摩托车的简单。"现在几乎没人会修理自己的老式汽车了，但如果是摩托车的话，"卡普说，"修好它只是小菜一碟，无论你想做什么，你只需把它拆下来研究一番。再说，摩托车后座上最多也只能坐一个指手画脚的人。"

YOU ONLY HAVE TO BE RIGHT ONCE

THE UNPRECEDENTED RISE OF THE INSTANT TECH BILLIONAIRES

12

如何兼顾创业与家庭

阿迪·塔塔科与Houzz

扫码关注"未来创客"

回复"Houzz"

查看相关视频

硅谷似乎一直都跟女性绝缘。相对于女性蕴含的巨大潜能而言，由女性创建的科技公司却屈指可数。而硅谷盛行的"哥们"文化，作为一种在年轻男性拥有至高统治地位的地域和时代的必然产物，更加强化了这种态势。这一切使得阿迪·塔塔科（Adi Tatarko）的存在显得格外有趣。塔塔科和她的丈夫创建了热门家居设计网站 Houzz，在短时间内获得了接近 10 亿美元的个人财富。并且相比业内同行，他们要谦逊低调得多。《福布斯》杂志记者乔治·安德斯（George Anders）在本文中展示了塔塔科所面临的、其他男性同侪几乎不会遭遇的障碍和困境。

硅 谷的创业公司一般都由宅男工程师们在简陋、邋遢的地方开创，其中少不了车库、大学兄弟会或者是高能孵化创业营，而阿迪·塔塔科却是在自己家中儿童卧室的懒人沙发里创建了家居设计网站 Houzz。2014 年，该网站的估值超过 20 亿美元。

塔塔科和身为软件工程师的丈夫阿隆·科恩（Alon Cohen）居住在加利福尼亚州帕洛阿尔托，他们本来打算重新改造厨房，并在自家宽敞的三居室郊区别墅里再隔出一个房间。夫妻俩花了两年半时间参考家居杂志并与建筑师会面，但仍然没有找到满意的方案。最令他们失望的是，很难找到一家一站式家居设计创意网站，因此这对夫妻决定自己创建一个。于是丈夫在厨房边的角落里负责写代码，妻子则负责内容编辑，他们还邀请了家居生活杂志《日落》（Sunset）前任编辑希拉·施密茨（Sheila Schmitz）一起加入。据施密茨回忆，在 2009 年的一次聊天中，塔塔科窝在一张懒人沙发里，阐述了该网站的指导理念：**不受潮流趋势和自以为是的博客达人影响，鼓励用户自主选择、自由发挥**。5 年后，Houzz 网站超越《人物》杂志（People）、美国联合航空公司（United Airlines）和美国全国广播公司财经频道（CNBC），成为全美访问量最多的 200 家热门网站之一。

这种基于家庭创建和软式推销的策略，对于一家刚起步的创业公司来说并不常见，但 Houzz 的确是一家与众不同的公司。

> 泛伟律师事务所（Fenwick & West）的调研数据表明，2013 年，在硅谷最大的 150 家公司中，超过 43% 的公司董事会没有女性成员，而标准普尔 100 指数（S&P 100）[①] 公司中这个数字只占 2%；超过 45% 的公司没有女性高管，而标准普尔 100 指数中这个数字是 16%。那么公司创始人呢？一项大致调查显示，每 20 家受风投公司资助的创业公司中，仅有 1 家由女性创始人创办，而此类由女性创办的公司在启动时，仅能获得相当于其他创业公司 2/3 的融资。

这种对于女性的性别歧视现象，一方面源于让女孩子远离科学和数学学科的教育体系，另一方面来自硅谷"炫酷极客"式的哥们文化。不过，这一切对于塔塔科来说却是一种优势，她就像一股龙卷风，相比那些嗓音低沉、絮絮叨叨的男人，她更难被轻易说服。作为 Houzz 网站的 CEO，塔塔科的性别优势帮助她理解市场并且创造出一种迅速受到广泛欢迎的文化和独一无二的风格。"对她来说，不存在任何界限。"一位男性投资者这样评价塔塔科。而每逢手下的 200 名员工过生日时，塔塔科都会亲自准备生日蛋糕。

"我是女人，所以更加情绪化，"这位 41 岁的 CEO 说，"我需要事情立即到位……"员工有时候会模仿塔塔科的架势，宣布一些宏大的新商业目标；而她那担任公司董事长和首席科技官的 43 岁的丈夫，会埋怨

[①] 指标准普尔 500 指数当中最强的 100 只成分股。——译者注

塔塔科许下太多的承诺。这些情景剧和现实的结果往往落到一处，任务期限来临时，Houzz 的表现甚至超越了塔塔科颇具野心的期望值，这位女 CEO 兴高采烈地起身宣布："就算阿隆说我们做不到，我们最终还是成功了！"

普通人的胜利

作为美国最成功的女性科技企业家之一，塔塔科的以色列出身并非机缘巧合。以色列有"创业之邦"的称号，其科技活力一部分要归功于该国实行"全民皆兵"的义务兵役制所提供的训练和锻造。塔塔科在 20 世纪 80 年代的以色列长大，母亲是一位房产经纪人，外婆曾是著名的时装设计师，并曾独自一人飞到巴黎参加时装展，当时很少有女人这么做，塔塔科从这两人身上受益颇深。"我还记得小时候去外婆家，外婆总是把所有的事情都安排得井井有条，这令我心驰神往，"塔塔科回忆说，"家里所有人都非常支持外婆，我为她感到骄傲。"

塔塔科 1996 年毕业于耶路撒冷希伯来大学（Hebrew University of Jerusalem），并获得国际研究学学位，之后她计划去国外旅行，目的是"让丑陋的地方变美丽"。塔塔科和两位女性好友游览泰国各地，最后坐上了从曼谷到苏梅岛（Koh Samui）全程 15 小时的大巴车。"我们没有足够的钱买机票。"她回忆说。她坐在靠车头的座位，与坐在最后排的三个以色列男孩保持距离。但司机想把前排座位空出来，于是把塔塔科赶到了后面，让她坐在一位高大的红发男孩身旁，那个男孩就是阿隆·科恩。

"车开了一路，我们也聊了一路，"塔塔科说，"就好像是连着约会了 4 次，那种感觉很棒。"在接下来的假期行程中，他俩形影不离。回到以色列后，两人创立了一家小型科技服务公司 ProMis Software。1998 年，两人结婚，不久之后搬到纽约，他们都认为在那里会有更好的发展机会。之后，他们继续向西迁移。2001 年，他们来到硅谷，科恩在购物网站易趣找到了一份工程师的工作。

科恩开始忙于管理工程团队，该团队负责的事务无所不包，从盈利策略到应用程序界面（APIs），后者是为了帮助用户更加方便地使用易趣数据——这些技能后来帮助科恩建立了 Houzz 网站，而塔塔科暂时放下了自己的职业抱负。2002 年，他们的第一个儿子出生，随后又有两个孩子出生。之后，塔塔科在联邦金融集团（Commonwealth Financial）从事兼职，主要协助客户管理资金。

Houzz 逐渐开始成型，这证明了新一轮"淘金热"的真谛：即便是经过了 20 年以用户为中心的互联网初创企业的井喷式爆发，仍然存在不少尚未被发掘的巨大机遇。新一轮互联网繁荣产生的最稠密集群包括像 Pinterest 和 Twitter 这样的社区分享网站，它们不失时机地将好奇心和分享者连接在一起。**这些创业公司最初几乎毫无盈利可言，但如果它们能够持续发展，吸引数百万用户，那么就有机会成功地进行广告、数据和产品营销。**仅在美国，每年就有 1 500 亿美元的资金花费在家庭改造和装修上，这个领域具有巨大的开发潜力，Houzz 网站就是一个典型的成功范例。

2006 年，Houzz 公司悄无声息地成立了，科恩花了 20 美元买下了 www.houzz.com 这个域名。"我们想要一个与家居改造相关的、5 个字母的域名，"他解释说，"不过很容易联想到的域名 www.house.com 早就被占用了。"科恩和塔塔科认为采用混合词也可以，"Houzz"这个单词由 "house"（房子）和"buzz"（嗡嗡声）两个单词合并而成，他们觉得这种拼法看起来还挺机灵的。不过，直到 2008 年，他们才开始正式启用这个域名。当时，塔塔科开始收集设计师的装修图片，并且询问儿子所在学校里的其他家长是否愿意看看家居改造的设计图。

成功法则 YOU ONLY HAVE TO BE RIGHT ONCE

我们可以把 Houzz 的成功看作一种普通人的胜利。这家网站缺乏家居杂志的潮流趋势主张，也没有一流电子商务网站推出的"马上就买"式的广告宣传。但正是这种明显缺失，意味着 Houzz 放弃了室内设计中最令人头痛的刚愎自用和一意孤行的态度。Houzz 成了探索者的天堂，让那些战战兢兢的房主可以尽情浏览设计图，逐渐提高个人品位并不断调整预算，直到他们可以自信地说："这就是我想要的设计效果。"

虽然网站流量最初主要来自旧金山湾区，但口碑相传很快就吸引来了世界各地的访问者。更出乎意料的是，建筑师和室内设计师争相在该网站上发布照片，从而给该网站提供了貌似无限的免费内容和创意。"Houzz 已经成为设计师和客户交流的一种工具，就像他们的铅笔和丁字尺一样。"费城高级建筑师理查德·布坎南（Richard Buchanan）说，当有客户来到他的办公室向他展示来自 Houzz 网站"构想图册"（IdeaBooks）的数据时，他就开始注意这个网站了。

到了 2009 年，这对夫妻意识到他们已经走到一个十字路口。Houzz 不能再是一个周末的业余爱好，这家快速成长的公司需要 20 台服务器才能承载预期的数据流量。Houzz 需要全职的工程师和编辑，并且还需要更多资金，单凭塔塔科和科恩每月投入的 2 000 美元已经远远不够了。

钱从哪来呢？"阿迪和我当时有点害怕风险投资者。"科恩后来回忆说。显然，这对夫妇可以在网站上填满广告，或者创建一些付费使用的功能，给设计师和客户之间的联络增加点困难，以此挣点小钱。但是两人都不想这么做。塔塔科的态度尤其坚决，她想在开始考虑应有的商业模式和营收之前，至少花一两年的时间把 Houzz 打造成最友好、最流畅的免费网站。这两位创始人都不想从投资者那里获得资金，因为投资者可能会对他们施加压力，要求他们在盈利和品质之间优先考虑前者。

硅谷天使投资人奥伦·泽夫（Oren Zeev）给他们带来了资金保障。泽夫是由塔塔科夫妇都认识的一位以色列裔熟人推荐的。泽夫向 Houzz 的两位创始人承诺，他俩会继续执掌公司，而他本人将致力于帮助他们实现企业愿景。2009 年 11 月，由泽夫牵头的一个投资者财团向 Houzz 注资 200 万美元，获得该公司 35% 的股份。之后风险投资者蜂拥而至，其中包括社会化网络工具 Yammer 创始人大卫·萨克斯（David Ssacks）投入的 100 多万美元——他是在翻新一幢旧金山联排别墅时发现 Houzz 的。"我们最初在这个网站上浏览照片，后来就停不下来了。"他回忆说。

事实证明，这些投资相当明智。Houzz 并没有公开营收业绩，但那些熟悉该网站的人认为，自 2011 年起，尽管该公司也曾小试盈利策略，但一直保持适度的资金消耗。Houzz 可以从商业广告或者品牌推荐上盈利，也可以更进一步，采用"编辑推荐"之类如今被视作效果普通的手段。如今，成千上万的建筑师和设计师每人每年付费 2 500 美元，就可以换取在Houzz 网站上的区域指导人推荐名单上的位置。"我认为很难通过其他方式获得这么多潜在客户，"加利福尼亚州橘郡豪华住宅建筑公司 Spinnaker

Development 负责人迈克·克洛斯（Mike Close）说，"事实上，如今我们自己公司网站上还没更新的资料，就已经先在 Houzz 网站的主页上更新了。"同样，Houzz 也可以在诸如家居品牌宜家和卫浴产品科勒（Kohler）之类的主流制造商和零售商中增加影响力。

Houzz 依旧坚持致力于提升网站品质，然而投资者的钱显然不会打水漂：塔塔科和科恩已经筹集到接近 2 亿美元的风投资金，在 2014 年上半年又促成了一轮高达 1.5 亿美元的融资。**我们喜欢那些为了解决自己生活中的问题而建立公司的创始人，哪怕他们并不是该领域的专家，**红杉资本合伙人林君睿（Alfred Lin）在 2011 年成为 Houzz 的早期投资人，他表示，**"这样的创始人会提出业内人士从来没有思考过的问题，他们能注意到其他人忽略的那部分问题。"**

事实证明，这种视野可能潜藏着巨大的盈利价值。最新一轮融资为 Houzz 公司带来了 23 亿美元的估值，而塔塔科和科恩持有的股份价值可能接近 10 亿美元。

平衡"舍"与"得"

没人会去问一名男性企业高管如何平衡工作和生活，但对于执掌着全球发展速度最快的创业公司并在 2013 年生下第三个儿子的塔塔科来说，这是一个沉重的话题。"我在努力试着去平衡，我在努力想办法，"在一次关于 Houzz 网站的采访中，塔塔科谈到这个之前她从来没有刻意提过的话题，"我希望自己在做正确的事。"

"有些事我再也做不了了。以前我每天都自己做饭，现在我把菜谱写下来给别人，让别人替我做。"现在属于塔塔科和孩子的一个快乐时光就是给她的二儿子读睡前故事《哈利·波特》，科恩则经常和大儿子本一起打篮球。家里有一个新规定，一家人团聚的时候，每个人都要关掉各自的电子设备。不过，塔塔科说，有时她会在凌晨 2 时醒来，为人父母和执掌公司的双重压力袭上心头："我会想，我安排陪孩子出去玩的时间了吗？然后又突然意识到，我还需要为下一次董事会会议做另一套幻灯片。"

而拥有一个作为自己丈夫的联合创始人，这种压力还会加倍。即使在硅谷那种"在办公室里打地铺"式的普遍加班模式下，科恩的工作节奏仍可谓相当紧张。"这真不容易，"他们最早的资助者奥伦·泽夫说，"他们正在尽量兼顾家庭和事业。除了工作和家庭，他们没有像样的生活。"其他把"拼命工作、拼命玩乐"当作人生信条的硅谷 CEO 们，在达沃斯或者阿斯彭这样的旅游胜地开会，与慈善机构委员会和度假别墅相伴。但塔塔科和科恩的生活却不是这样，他们要管理一家公司，照顾三个孩子，一天只能睡几个小时。生活就是如此。有时候，塔塔科工作到很晚，只有科恩赶回家和孩子们一起吃晚饭。其他时间，他俩的角色互换。

即使在办公室里，塔塔科和科恩也恨不得把一天 24 小时安排进 30 个小时的工作量。塔塔科宽大的白色办公桌位于公司巨大的开放式办公室一角，周围都是编辑部的员工。塔塔科主要负责海外扩张项目。该网站接近 30% 的访问者来自美国以外的国家，大部分人都是偶然发现这个网站的。2014 年，Houzz 正着手开张位于伦敦和悉尼的办公室，并且还要把网站内容翻译成德语和法语版本。塔塔科认为，**伟大的设计可能来自世界上的任何地方。不管来自哪个国家和地区，好创意就是好创意。**

而科恩的办公室位于另一个角落，处在工程部办公区的中心。的确，

12
如何兼顾创业与家庭
阿迪·塔塔科与 Houzz

Houzz 是一个精致的网站，其背后凝聚着开发者对技术倾注的心血。科恩和程序员盖伊·沙威夫（Guy Shaviv）为 Houzz 网站的部分功能申请了专利，比如在水槽、照明器具之类的图片上打上绿色标签，让浏览者可以点击查看更多详细信息。为了避免让这些标签看上去像赤裸裸的广告，沙威夫在移动版本中把它们设计成像是圣诞树上摆动的小物件。网站后台隐藏的算法允许出现超过 100 个不同的摆弧，摆弧的摆动速度都各不相同，从而控制和管理每个标签。科恩最近沉迷的东西是 Houzz 的 iPad 应用新版本，这个应用能够方便设计师和建筑师随时随地与客户进行沟通。

每天直到中午前，科恩和塔塔科都沉浸在各自的世界里，然后两人花一小时共进午餐。这短短的一小时并不是逃离工作的浪漫时刻——他们的聊天话题涵盖了从网站设计到孩子生病等各种事务。Houzz 工程师奥菲尔·茨威宾纳（Ofir Zwebner）认识科恩和塔塔科快 10 年了，他说这对夫妻之间有种"甜蜜的争吵"，这帮助他们度过了各种难题和挑战。**他们并非假装一切都进行得很完美，相反，他们直面各种挑战，懂得只要平衡了"舍"和"得"的关系，问题自然会迎刃而解**。到了下午 1 时，两人回到各自的办公室继续工作。

对于一个时常感受到相互矛盾和纠结需求的家庭来说，界限尤为重要。不久前，这对夫妻的大儿子抱怨，爸妈回到家后心还在工作上，手里离不开智能手机。因此，塔塔科才宣布家里的那项新规定，规定一家人在一起时不能使用任何电子设备。大人们放下他们的智能手机，孩子们放下游戏机和平板电脑。

"一边抚养孩子一边创业有不少困难。"科恩承认。白天，两个轮班的保姆负责照顾孩子们，但是很多陪伴时间这对父母不想由别人代劳。科恩会定期和大儿子本一起打篮球。最近让这对父母感到惊讶的是，当他们谈起怎样改造自家的车道时，大儿子本向他们展示了自己在 Houzz 创建的"构想图册"，上面展示了可以把车道改造成小型篮球场的多种方案。不过这种设计可能导致无法停车，但他并不在意这一点。

"我们还能怎么办呢？"塔塔科耸了耸肩说，"只好安排他与建筑师会面，建筑师非常认真地听取了本的想法。万事万物都在变化当中，孩子们总要长大，公司也要不断发展。"

互联网从不受约束的黑客玩具演变为潜力无穷的敛财机器，这一切在肖恩·帕克身上得到了完整的展现。他在少年时创立了 Napster，这个几乎颠覆整个唱片行业的海盗式音乐分享网站导致他声名狼藉，几乎连累他破产甚至吃官司、蹲监狱。紧接着，身为 Facebook 公司 24 岁的 CEO，帕克被委以重任，为更年轻的创始人马克·扎克伯格提供监管，他再次发扬了"互联网坏小子"精神，也为自己挣得了几十亿美元。2011 年，《福布斯》专栏作家史蒂文·贝尔托尼在探寻帕克反复无常的轨迹时，发现了那句古老谚语"金钱能买来幸福"的真实例证。

13

如何成为行业的颠覆者

肖恩·帕克与 Facebook

　　帕克不久前刚经历过一场外科手术，并受到知名导演大卫·芬奇的电影《社交网络》为其塑造的互联网产业内大反派形象的打击，还处在身心疗养康复阶段。他有两个月在洛杉矶的半岛酒店闭门谢客，过着隐士般深居简出的生活，简直就是互联网界的霍华德·休斯（Howard Hughes）①。当帕克终于露面时，他邀请贝尔托尼到自己新购置的、位于纽约市格林尼治村、价值 2 000 万美元的乡村豪宅里小坐片刻，没想到这场短暂的闲聊最后变成了一次精致的寿司晚餐。两瓶昂贵的日本清酒下肚后，两人乘坐一架租来的湾流飞机飞到了美国西海岸——那正是帕克玩转他五花八门的兴趣的地方。当时，帕克正把激情倾注在一个尚处于保密状态的新事业上——社交视频服务网站 Airtime，但这项事业最终还是宣告失败。这没什么大不了的。帕克本身就是一个善于发现问题的人，并能在各种解决方案失效的情况下保持平和的心态。他还投资了 Spotify—— 一个堪称Napster 网站合法化身的音乐分享网站，截至 2014 年，该网站的市值已经超过 40 亿美元。

　　肖恩·帕克驾驶着他那辆内置兰博基尼引擎的改装奥迪 S6，悄无声息

---

① 美国传奇富豪，晚年隐居。——译者注

地划破金门大桥的氤氲夜雾，直奔旧金山马林郡，目的地是自家占地 7 万平方米的宅邸。他苍白的双手一直没闲着，一手操控方向盘，一手翻找着车载音响系统中的数千首歌曲。

这位 Facebook 的前任 CEO 刚刚结束一个典型的繁忙工作日。在过去的 10 个小时内，他为新创建的视频服务公司面试了两位副总裁候选人，花了几个小时回复关于他投资的音乐网站 Spotify 的电子邮件，还会见了自己的 Facebook 慈善应用 Causes 的一位 CEO 候选人。除此之外，帕克还忙着为他的订婚派对挑选乐队和各种服务供应商，这个派对将在新泽西州举行，时间恰好是飓风"艾琳"（Irene）预计登陆美国东北部的那个晚上，由于摇滚歌手蓝尼·克罗维兹（Lenny Kravitz）耽搁在北卡罗来纳州无法脱身，他最后只好将其换成了"冷战小子"乐队（Cold War Kids）。随后，帕克暂时从工作中抽身，与 Facebook 的竞争对手——Twitter 和移动支付公司 Square 的创始人杰克·多西共进晚餐。晚餐过后，就在饭店的吧台边上，他又面试了 Causes 的另一位 CEO 候选人。他开车把我送回酒店时已经是晚上 11 时 30 分了，而帕克的一天才过去了一半。

在接下来的 6 个小时里，帕克先是猛发了一阵电子邮件，然后打开他在 Facebook 上的个人主页。前一天下午（也可以说是当天稍早些时候，如果你和帕克的生物钟同步的话），全世界都得知了史蒂夫·乔布斯辞去苹果公司 CEO 的事。大约凌晨 6 时，帕克引用了叔本华的一条名言："失去敌人就像失去亲友一样令人遗憾。因为缺乏他们的见证，我们的成功并不完美。"这条状态立即传播开来，八卦网站高客网指责帕克对于乔布斯的离职幸灾乐祸，帕克则发邮件强调这段话是向乔布斯致敬——乔布斯是他长期以来的偶像和新晋的对手，原因主要是 iTunes 与 Spotify 存在竞争关系。快到 7 时，他终于上床睡觉了。

4个小时后，帕克就起床了，继续重复每天的日程。

超级梦想家

轻狂、浮躁且性情难以捉摸的帕克很容易激怒投资者——他曾参与创建的三家公司都在事业腾飞后没多久就把他踢了出去。"帕克被看作一个未知数，而风险投资者喜欢一切尽在掌控之中。"Facebook联合创始人达斯汀·莫斯科维茨（Dustin Moskovitz）说。不过，风险投资者也喜欢非凡的创意，那正是帕克所擅长的——职业社交网站LinkedIn创始人雷德·霍夫曼说，帕克是个"超级梦想家"。此外，从职场的角度看，电影《社交网络》塑造的帕克形象也与他本人相差甚远。"电影中需要有个反派，但银幕上的形象并非真实的帕克，"Facebook前企业发展总监查马斯·帕里哈皮提亚（Chamath Palihapitiya）认为，"事实上，他与电影中的角色恰恰是相反的类型。"

归根结底，**肖恩·帕克是激情的助燃剂和创意的催化剂，一旦遇到合适的人并与其联手，他就能干出一番大事业，并且带动过去20年来最具颠覆性的一些企业。**年仅19岁时，帕克就作为音乐分享网站Napster的联合创始人撼动了整个唱片业；21岁时，他推出通讯录服务软件Plaxo，先人一步地展现了数字传播的潜能；24岁时，他出任Facebook总裁，帮助这家社交网络成长为也许是有史以来最重要的互联网公司。的确，这三家公司最终都将他扫地出门，可他绝非空手而归。31岁时，帕克拥有的公司股份价值已超过20亿美元，而他的创业生涯才刚刚开始。

2011年，帕克再次尝试颠覆音乐传播界，他把瑞典音乐平台Spotify引入美国市场，并将该服务与Facebook的音乐项目进行了巧妙结合。作为风投公司创始人基金的普通合伙人，帕克还在搜寻具有投资价值的创业公司。同时，他还与 Napster 的创始人伙伴肖恩·范宁重新联手，打造了社交视频服务网站 Airtime。

帕克的人脉之广令人惊羡，这是远见卓识和命运垂青的共同结果。少年时代，他就在如今任社交游戏网站星佳公司 CEO 的马克·平卡斯（Mark Pincus）手下实习，在此期间，帕克与如今掌控着现代互联网产业的多位人物有过各种合作，其中包括马克·扎克伯格、迈克尔·莫瑞茨、彼得·泰尔、雷德·霍夫曼、尤里·米尔纳（Yuri Milner）、达斯汀·莫斯科维茨、亚当·德安杰洛、丹尼尔·埃克、罗恩·康韦、拉姆·斯里兰姆（Ram Shriram）和吉姆·布雷耶。

"他现在思考的事情，大多数人一两年后都未必体会得到。"Facebook 前企业发展总监帕里哈皮提亚这样评价帕克。正如硅谷风投公司 Menlo 投资人舍尔文·彼西弗（Shervin Pishevar）描述的："帕克有能力察觉到大多数人看不到的趋势和信号，就像狗狗听见犬笛一样，这些东西会引起他的警惕。"对于这个说法，帕克倒是没有反驳：**"思考的时候，我会发现很多事物之间存在关联，但对世人来说，它们看起来可能并没有必然联系。"**帕克对那些覆盖面广、具有普遍性的问题充满兴趣，不惜花费多年时间一探究竟。"大多数人对历史的演进都没有异议，可关键是要弄明白历史是如何实现演进的，"这位年轻的亿万富豪在他花了 2 000 万美元新购置的、位于曼哈顿豪宅的办公室里，坐在办公椅上朝我靠近，"规划演进的战略比弄清演进的结果更重要。"

帕克注重项目的挑选，而不是像许多意气用事的创业者们那样匆忙推出无人垂青的项目，他因此得以参与一系列热门网站的创建，尽管批评者们认为这一切纯属连环运气。Napster 是 CD 向 MP3 转型期的过渡产物，当然，这归功于互联网使得音乐内容可以脱离实体而存在的可能性；Facebook 是在匿名的网络世界中缔造可信赖身份的一个载体；而 Spotify 的出现，则是试图重振 10 年前 Napster 摧毁的音乐产业。

"帕克洞察世界的发展方向，然后进行思考和分析，"Spotify 创始人丹尼尔·埃克如此解释，"如果他认为该领域没有能获得成功的公司，就会自己创建一个。"

这种深入调研的思维方式也渗透到了帕克生活的方方面面。如果你问帕克前一家公司 Plaxo 的创业灵感从何而来，他会从病毒如何在人际间传播的病理学知识讲起。有一次，我们在纽约共进晚餐，在告诉我他最喜欢的寿司店名字之前，他打了 5 通电话，就是为了弄清楚当晚是哪位大厨负责切生鱼片——他会滔滔不绝地讲米饭的密度和寿司的切口形状，并认为最理想的切口形状是梯形。你要是问他这个音响发烧友什么品牌的耳机最好用，他会先就"人耳鼓膜如何感知声波"给你上一课。用一句贴切的话来形容就是：你向他打听时间，他会告诉你手表是如何制作的。

"我们本来计划谈 1 小时，结果聊了 3 个小时。"雷德·霍夫曼回忆起 2002 年与帕克初次见面时的情景。Twitter 创始人杰克·多西也有相同的经历："很少能遇到如此相谈甚欢的人……我非常喜欢那种能够在之后启发自我和创意的谈话。"

肖恩标准时间与极致完美

正因为如此，帕克的时间观念不是很强，这一点他的朋友和生意伙伴都心知肚明，只能报以对此听天由命的苦笑。彼得·泰尔称帕克"令人难以置信地不守时"，丹尼尔·埃克有这么一招：他告诉帕克公司上午 11 时有个会议，然后通知剩下的人下午 1 时参会，硅谷业界甚至把这个现象命名为"肖恩标准时间"。

"让别人等着而没有按时履行职责，我自己的感觉也很不好。我的心情可能比别人想象的还糟糕，但我不是故意这么做的。"帕克表示，当他集中精力处理某项任务时，就会忘记其他一切，达到一种痴迷状态，外界黯然隐却，时间悄然流逝。"这会导致很多日程需要被重新安排，因为我总是试图全神贯注地做最有价值的事情，不达极致完美不罢休。"

帕克对"极致完美"的定义相当苛刻。在为《福布斯》拍摄封面照片的当天下午，帕克派人送来了挂满整整三排衣架的意大利西服；在他的曼哈顿豪宅中，柳条沙发上放置着 20 件还没拆封的正装衬衣静候他取用；咖啡桌上摆满了一排排普通眼镜和太阳镜；椅子上是成堆的吊裤带和领带；墙柜上摆放着一列列正装皮鞋、休闲鞋和靴子，不逊于一家鞋店。拍照原定于下午 4 时，肖恩 5 时 30 分才露面，身后跟着一大群随行人员：服装造型师、发型师、化妆师、助手、公关、裁缝，他当时的未婚妻、如今已是妻子的亚历山德拉·蕾娜斯（Alexandra Lenas）也陪伴在侧。

在拍照的过程中，帕克的行头更换的比拉斯维加斯当地头条上露脸的明星还频繁，他从贴身西服换到三件套，再到休闲开衫配潮范儿牛仔裤。对两条吊裤带之间的距离，他要多加推敲；对窄领带上的红色与嬉皮风眼镜上的红色是否搭配，他也要再三斟酌。突然，他中断拍摄，要求吃点东西。10 分钟后，他便身穿一套深色迪奥西装出现在厨房，搅拌着一碗自制的乡村沙拉，他那时正在瘦身，所以只吃蔬菜。这份沙拉水分太多，因此他又加了些酸奶，让它黏稠一些。随后，他的三位助手中的一位终于把他哄回镜头前，在他家换了4个位置、拍摄了数百张照片后终于大功告成，时间已是凌晨2时——完美、标准的肖恩时间。

两天后的晚上11时，我再次到帕克家登门造访。我们已经预订好一架湾流 G450 型特许飞机，将从新泽西州泰特波洛（Teterboro）飞往旧金山，午夜零点准时起飞。我到达时，帕克还在外面会见丹尼尔·埃克。午夜来临时，他还是没有现身，我不禁有些着急，其他人则打起哈欠。凌晨2时，帕克大摇大摆地回来了，可他还得打包行李并冲个澡。等到了凌晨3时30分，一辆装满行李和纽约顶级蓝丝带餐厅（Blue Ribbon）深夜炸鸡外卖的凯迪拉克凯雷德，终于载着我们穿过哈德逊河出发了。

我们凌晨4时才起飞，根据美国联邦航空局（FAA）防止飞行员过度疲劳的规定，再晚半个小时，我们就飞不成了。等我一觉醒来，窗外的景色已经变成加利福尼亚州的一片沙漠。帕克坐在我对面，正啃着一块炸鸡——他的素食瘦身计划显然已告终结，他问候我："你睡得好吗？"

早上9时，我们在旧金山降落，另一辆凯迪拉克凯雷德载着我们赶到马林郡，大家四散而去，趁机先补个觉。因为几个小时后，帕克又将辗转于旧金山和硅谷之间，热切地会见同僚并挑选各种职位候选人。

从 Napster 到 Plaxo

帕克的父亲曾在美国国家海洋和大气管理局（NOAA）任首席科学家，在帕克上小学二年级时，他就开始用一台雅达利800（Atari 800）电脑教帕克编程，从此开启了帕克的硅谷之路。高中时，帕克已经能入侵各家公司和大学的网络系统，他在网上化名"dob"，因为这个名字具有"审美对称性"；15 岁时，他的黑客行为引起美国联邦调查局的注意，结果被判处社区服务的惩罚；16 岁时，他因开发出一种早期网络爬虫技术获得了弗吉尼亚州的"计算机科学展览奖"，美国中央情报局要招募他，但他拒绝了这份工作，而是前往华盛顿特区，在马克·平卡斯的创业公司FreeLoader 实习，之后他去了早期的互联网服务提供商 UUNET 工作。"我当时没待在学校上学，"他说，"理论上我参加的是带薪实习，但实际上这就是工作。"高三那年，帕克挣了 8 万美元，这足以说服父母允许他暂时不上大学并与在拨号网络论坛上认识的朋友肖恩·范宁合作，共同创立一家音乐分享网站，它就是 1999 年上线的 Napster。

帕克最终还是没去上大学，但他从 Napster 那里学到了很多东西。"我觉得自己上的是 Napster 大学——在这里学到了包括知识产权法、公司财务、创业和法学院教育在内的速成课，"帕克说，"那时我还是个孩子，哪里想得到自己写的一些电子邮件日后会出现在法学院的教科书上。"这些电子邮件承认，Napster 的用户很可能在非法下载音乐，这可能成为版权诉讼中的证据，而 Napster 最终因此而倒闭。但那时，帕克已经被公司管理层驱逐，搬到了北卡罗来纳州的一栋海滨别墅里。"那时我还不知道，让你休个无限期的长假，其实就是解雇你的委婉说法。"

在 Napster 工作时，帕克认识了天使投资人罗恩·康韦，康韦当时投资的一家公司与 Napster 同在加利福尼亚州圣克拉拉的一栋大楼里办公。从那时起，帕克的每一次创业都得到了康韦的大力支持。

到达旧金山当晚，帕克和我一起拜访了康韦。在康韦家可以俯瞰理查德森湾（Richardson Bay）的门廊，我们喝着布鲁耐罗（Brunello）红葡萄酒，还品尝了一些意大利熏火腿。回忆起和帕克的往事，投资过谷歌、PayPal、Twitter和FourSquare等多家知名公司的康韦说："我们一起出生入死过。"

Napster与其说是一家公司，不如说是一个全年无休的马戏团。这里聚集了一群想法奇特的人，他们不觉得自己加入了一家创业公司，倒认为是参加了一场离经叛道的社会运动。帕克说："如果说我在Napster学到了些什么，那就是哪些事情不能做。"康韦拿出笔记本在一旁记录着，他曾经因为没听帕克的话而付出了惨痛的教训。"帕克当上Facebook的总裁后打电话喊我过去看看——我本来可以成为彼得·泰尔。"康韦说，他指的是彼得·泰尔对Facebook的投资使他成了亿万富豪，"可我当时是这么说的：'你先把Plaxo的烂摊子解决好了再说，Facebook什么的先别跟我谈。'"康韦抿了一小口红酒，摇头讪笑："这些回忆真够痛苦的！"

Plaxo是帕克第一次尝试创建一家真正的公司——主要为用户提供实时更新通讯录的在线服务，比起Napster或Facebook，这听起来有些无聊，但Plaxo是一种早期的社交网络工具，并且是病毒式营销的先锋代表，其后的LinkedIn、Zynga和Facebook的发展都采用了这种方式。"Plaxo就像一支独立乐队，尽管不为公众所知，但对其他音乐人很有影响力。"帕克表示。

安装Plaxo后，该程序将分析你的通讯录，然后向所有联系人发送信息，吸引他们注册Plaxo。新用户注册后，Plaxo又会进一步刺探该用户的通讯录，继续扩大传播范围。就这样，在短时间内Plaxo的营销广告充斥了数百万个邮箱。"从某种程度上来说，Plaxo是最令我感到骄傲的公司，因为它对这个世界的颠覆最为疯狂。"帕克说，这些经验后来又改变了 Facebook 的发展史。

关于帕克不久就被 Plaxo 驱逐的故事，有好几个不同的版本。帕克本人称，谷歌前董事拉姆·斯里兰姆被聘管理 Plaxo，却阴谋策划将他逐出公司并且剥夺其股份。"拉姆·斯里兰姆的手段很恶毒，不仅要把我踢出公司，还要让我彻底破产、身无分文、穷困潦倒，甚至无路可走。"

斯里兰姆对此事不愿多谈，但 Plaxo 联合创始人托德·梅森尼斯（Todd Masonis）和卡梅伦·林（Cameron Ring）的说法与帕克的截然不同：帕克在创建企业战略和筹资方面起到了关键作用，但在公司运营的日常琐事中逐渐感到无聊。梅森尼斯称，帕克经常缺勤，即使偶尔来公司一趟也总会打扰其他人，"他经常不来上班，即使来可能也是在晚上 11 时左右，而且不是为了处理公司事务，而是带一群女孩过来，向她们炫耀自己是这家公司的创始人。差不多都是这样的事"。

不管哪一个才是真相，帕克的离职都引发了一片混乱。帕克坚称投资者们雇用了一名私家侦探调查他，他被指控有渎职和滥用毒品的行为，但这些指控都没有证据。"事情处理得很糟糕，我们应该提前做好工作并且亲自处理，"林说，"但是现在回过头看，无论是对我们还是对帕克而言，这都是个正确的决定。"

帕克当时孤立无援，被同侪和密友们疏远。"我对人性彻底失去了信心，就像世界末日来临一样，再也无法信任任何人了。"帕克表示自己想过起诉，但明白官司可能要打上很多年，因此他决定放弃。毕竟，他当时已经发现了一家有着巨大发展潜力的新公司。

将校园项目变成真正公司

　　帕克是从一位朋友的女友那里得知 Facebook 这个网站的，而不是像编剧亚伦·索尔金（Aaron Sorkin）在电影中表现的那样，通过某个一夜情对象得知的。当时的帕克已经是一位社交网络老手，一方面是因为他创立了 Plaxo，更直接的原因是他曾担任过 Friendster 的顾问。Friendster 是 Facebook 之前的社交网络先驱，可惜早已消失在时代的浪潮中。曾经有记者问帕克，Friendster 和 Napster 读起来有点像，两者之间有没有什么关系呢？帕克这才偶然留意到了 Friendster。帕克发现，广阔的高校社交网络市场已经成熟——当时已经出现了多个在私立大学内运营的小型社交网络，而 Facebook 已经跨越了哈佛校园，这给了帕克充分发挥的空间。于是，帕克给 Facebook 的公司邮箱发了一封邮件，随后在 2004 年春天，与扎克伯格和爱德华多·萨维林在曼哈顿一家中餐馆见面，共进晚餐。

　　几周后，在旧金山帕洛阿尔托街头，帕克偶遇扎克伯格及其团队。之后不久，帕克就搬入 Facebook 租的房子，住进了达斯汀·莫斯科维茨的房间。"这个情节是那部电影里唯一比较接近事实的部分。"亚当·德安杰洛冷冷地给出了这么一句评论，这位 Facebook 早期的首席技术官，如今在帕洛阿尔托创立了知名问答网站 Quora。

　　当时，年仅 24 岁的帕克已经是 Facebook 团队中的商业老手。他帮助几位还是大学生的 Facebook 创始人在硅谷建立并调试人脉，并为他们与投资者的会面牵线，这些投资者包括彼得·泰尔、雷德·霍夫曼和马克·平卡斯等人。

　　"在 Facebook 从一个校园项目转化为一家真正公司的过程中，肖恩起了关键作用，"马克·扎克伯格在一封邮件中表示，"或许更重要的是，肖恩帮助我们确保了一件事，那就是任何对 Facebook 感兴趣的投资者，不仅会入股一家公司，而且还会认同一种使命和愿景：通过分享让这个世界变得更加开放。"

德安杰洛也表示，帕克让人们意识到设计和工程同样至关重要。"Quora 的第一名员工就是一位设计师，那是因为我们看到了在 Facebook 的发展中，设计起到了多么重要的作用。"与 Napster 时期认识的老友，即 Facebook 后来的首席设计师亚伦·斯蒂格（Aaron Sittig）一起，帕克帮助 Facebook 确立了极简主义的页面风格。帕克坚持认为，网站浏览过程必须流畅无阻，添加好友之类的操作越便捷越好。"我们希望它就像电话服务一样，自然地融入背景。"斯蒂格称。随后，帕克又帮助 Facebook 推出了图片分享功能，这也是他担任公司总裁期间做出的最后举动之一。

2005 年 8 月，北卡罗来纳州警方在以帕克之名租赁的海滨别墅中发现了可卡因，他因此受到质询。尽管并未遭遇逮捕或指控，这起事件却迅速成为导火线，令帕克在 Facebook 的地位岌岌可危。

受保密协议限制，公司高层相关人员不便透露帕克是怎样以及因何被驱逐的。帕克这方的说法是，加速合伙公司非常憎恶他，因为他迫使这家风投公司对 Facebook 进行了当时看起来很高、估值约为 1 亿美元的投资。不过，这家风投公司后来又投资了帕克的 Spotify，如今，该公司的明星投资人吉姆·布雷耶还夸帕克"独具慧眼"。帕克当时拥有不少支持者，但可卡因事件使公司的创始人和投资者之间出现了裂缝。最终，帕克认为，主动请辞是对公司最有利的选择，这是他 5 年来第三次被自己创立的公司排挤出局。2005 年秋，帕克搬到纽约，在他以前认识的朋友——"感恩而死"乐队（Grateful Dead）的词作者约翰·佩里·巴洛（John Perry Barlow）家中临时借住。

尽管已不再是Facebook的一员，帕克仍然继续为扎克伯格提供战略咨询，并帮助Facebook招聘重要高管，其中就包括查马斯·帕里哈皮提亚。斯蒂格称，帕克仍然会帮忙设计网站页面，并且是Facebook"分享"这一板块发展中重要的外部影响力，该平台支持用户上传资讯、视频和其他第三方内容。不过，帕克对Facebook做出的最大贡献可能是他基于对Plaxo的管理经验而创建的公司架构，这个架构使得扎克伯格能够完全、永久地掌控自己创立的公司。

帕克的计划赋予了扎克伯格超级投票权，从而强化了他的地位，使其股份不会在筹资过程中被稀释，同时还使其在董事会中占据了更多席位，这样一来，扎克伯格想在Facebook的权力顶端待多久都可以。"在建立Facebook公司的架构方面，为了确保扎克伯格获得更多控制权，不管是在能够获取高估值、低稀释的融资，还是董事会架构本身以及控制权的细节方面，肖恩都发挥了关键作用，"Facebook联合创始人达斯汀·莫斯科维茨表示，"帕克经历过Plaxo的乱局，对这种问题相当敏感。"

正因如此，帕克才对电影《社交网络》中塑造的他本人的形象深感失望。贾斯汀·汀布莱克饰演的帕克是个残酷、自大的投机主义者，不仅逼迫Facebook联合创始人爱德华多·萨维林离开公司，还夺走了他的股份。而在Plaxo，现实生活中的帕克遭遇了和电影中的萨维林相似的命运。"我不介意被描绘成一个堕落的派对狂，因为我觉得那在道德上没什么错，"帕克表示，接着很快地补充说，但那些关于派对狂欢的镜头也太夸张了，"不过，我非常反感被描绘成一个不道德的、唯利是图的投机者，因为我真心认为那样是不对的。"

2010 年 10 月,《社交网络》上映后既叫好又叫座,帕克却因此深深受挫。"当时的我一团糟,因为电影很成功,但电影中我的形象却与真实的我大相径庭,这让我在心理上很难接受,"帕克说,"我沮丧透顶,刚刚与相处 4 年的女友分手,又做了膝盖手术,连路都不能走。"电影上映前,帕克在洛杉矶半岛酒店的一间套房里躺了两个月,体重大大增加。同时,他还要兼顾自己对创始人基金、Spotify 和新创建的公司 Airtime 的职责。

然而,否极泰来。帕克暂时不再打理 Airtime 的业务,膝盖痊愈了,并在一位共同好友的介绍下,结识了自己未来的妻子——21 岁的创作型歌手蕾娜斯。

对颠覆的不断渴求

尽管已经取得诸多成就,帕克内心中仍保留着黑客本色。**与金钱相比,更能激励他的是对颠覆的渴求。**的确,通过 Facebook 的首次公开募股(IPO),到 2014 年年中,帕克的净资产已经达到 30 亿美元。但他始终没有摆脱 Napster 的心结。到 2010 年时,Napster 由于诉讼指控已经关闭了 8 年,帕克仍然在寻找一家既能满足音乐分享的承诺,又能给音乐人提供回报的网站。就像 Facebook 的图片分享一样,帕克期待着唱片业也能借助社交平台蓬勃发展。现在,只需要一个能够在 Facebook 上分享歌曲的载体。

两年前,一位朋友告诉帕克,有家名叫 Spotify 的瑞典音乐网站可以提供无限制的合法音乐服务。帕克挖掘了自己的整个人际关系网,以求获得引荐，然后在还没有亲眼看到该产品如何运营的情况下，贸然发邮件给 Spotify 的创始人丹尼尔·埃克，阐述了自己理想中的音乐平台，并希望 Spotify 能够满足他的这一想法。

埃克一直是 Napster 的铁杆粉丝，而帕克的建议引起了他的注意。"对于这个问题，他思考的时间比我还多。"经过一系列邮件往来以及对该平台的测试后，帕克深感满意，并试图投资，但埃克刚刚获得中国香港富豪李嘉诚的一大笔投资，暂时不需要其他资助。帕克必须证明自己还有其他价值，于是他把 Spotify 介绍给了扎克伯格，Facebook 随后推出了营销整合计划；他还帮助 Spotify 敲开了唱片业巨头华纳公司和环球公司的大门，这些举动打动了 Spotify 的董事会：帕克最终向 Spotify 投资了约 3 000 万美元。

2012 年，帕克还在 Airtime 上投入了不少金钱和精力。Airtime 是一个支持用户发布视频并能反馈互动的网站，令帕克与其在 Napster 的旧相识肖恩·范宁再次展开了合作。对于这家网站的具体内容，帕克还不愿透露太多，只表示 Airtime 会提供实时通信和分享服务，他认为目前网络上的此类服务还不够完善。"我的目标是消灭孤独感。"帕克说。Airtime 还拥有随机视频聊天功能，这与 2010 年的随机视频聊天网站 "聊天轮盘"（Chatroulette）颇为相似，这家网站曾因为人们的窥私癖而大热一时，如今已被关闭。Airtime 的核心主题和帕克其他所有项目一致，仍然是分享和发现，但不幸的是，就像 "聊天轮盘" 一样，Airtime 也惨淡告终。

帕克的项目使他常年在旅途中奔波。每个月，他都要在纽约（常住地）、洛杉矶（唱片业高层）、旧金山（创始人基金）、斯德哥尔摩和伦敦之间穿梭飞行。如今，这仍然是他日常事务的一部分，只是自从 2013 年他的第一个女儿温特出生后,这个循环稍微放缓了速度。上次见面时我问他在哪里报税,他回答:"这是个好问题,因为我自己都不知道!"

回到纽约后,我们在帕克的乡村别墅里举办了一场聚会,聚会从凌晨 1 时开始,进行到很晚才结束。第二天,帕克要飞到斯德哥尔摩,帮助 Spotify 设计团队调整邀请流程,并及时修改一些细节,为 Spotify 的 Facebook 版本发布做好准备。"我要去一趟健身房,处理一小时邮件,还要为两星期的欧洲之行打包行李。"他说,同时扫了一眼桌上两台电脑显示器上某一台的时间,上面显示着凌晨 3 时。"说真的,我也记不清我们在这里待了 2 个小时还是 20 分钟。"

　　杰克·多西无疑是商业史上最为成功的多面手。他与人联合创建了两家全球最热门的互联网科技公司，并且担任其中一家公司的董事长和另外一家公司的 CEO，这两家公司各自为他带来了 10 亿美元的个人财富。

　　当然，社交平台 Twitter 如今已经广为人知。Twitter 集推广平台、民主工具、新闻载体的功能于一体，这也是多西最初创建这种社交微博的愿景。而对于移动支付公司 Square，除非你是采用刷卡付费模式的小型商户，否则可能不太熟悉，而它的未来发展方向还尚未完全确定。不过到 2014 年，该公司已经获得 2 亿美元的融资，并且估值达到 50 亿美元——而这些都发生在移动支付领域竞争日趋激烈的背景下。不过，这些并不是我们探讨的核心话题：当《福布斯》杂志记者埃里克·萨维兹（Eric Savitz）与现年 39 岁的多西相处时，后者正专注于大多数成功企业家都要面临的挑战：一个人应该如何高效地利用时间，才能多次实现宏伟的事业目标？

如何成为创业多面手
杰克·多西与 Twitter、Square

跟杰克·多西在一起时，你们会谈到很多话题。在拜访 Square 公司①旧金山总部的前 15 分钟里，我们谈到了多西分配时间的方式、公司组织如何运作、最近一次并购、团队会议、企业透明度和他每天早餐吃什么（通常是蘸着酱油吃两个煮熟的鸡蛋）。我们走进这家公司的咖啡馆，多西坚持让我试试一种名为"康普茶"（Kombucha）的发酵茶能量饮料。他劝我尝尝葡萄味的康普茶。"因为装樱桃味康普茶的瓶子很容易爆裂，"他还警告我说，"你可能一开始喝不惯这个味道。"他说得没错，那是一股陈酿的酸味。

接着，我们又在这栋著名的《旧金山纪事报》大楼的三层继续参观 Square 公司的办公区。一位员工坐在一长排办公桌中的某块开放区域，面向一台大屏幕苹果电脑正在操作，多西从背后看了一会儿。随后他走到一张高脚桌边，加入到一群平面设计师和市场营销人员的讨论中。公司里有 21 间全透明玻璃墙办公室，全部以知名的城市广场命名，如开罗解放广场（Tahrir）、梵蒂冈圣彼得广场（St. Peter's）以及传说中的"侠盗罗宾汉"可能逛过的诺丁汉旧市集广场（Old Market）。在一间昏暗的办公室里，

---

① 该公司主要制造可以插入智能手机来刷卡的移动支付装置。——译者注

几名工程师正致力于研发一个与连锁咖啡公司星巴克合作的大型项目，星巴克向 Square 投资了 2 500 万美元，而且美国所有门店目前都使用 Square 设备处理银行卡和信用卡交易。

"我们鼓励员工透明、公开化交流，因为我们相信'灵光一现的意外惊喜'，并且员工加强互动，也可以互相学习新东西，"多西一边说，一只手轻轻挥动，"但时不时地，还是要凝聚成一个团队。"

这个有些哲学家气息的创业家，很容易令人联想到另外一位具有神秘色彩的科技奇才——史蒂夫·乔布斯。不过比起乔布斯，多西多了些学生气息，毕竟他的主要工作是一名程序员，其次才是一位经理人。他的个人情绪更加可控。不过，与乔布斯一样，多西在很大程度上也是一个颠覆者和反复的"犯规者"。

多西在 2006 年与人联合创建的 Twitter 公司，如今在全世界拥有超过 5 亿名用户，他们通过发推文传播各种信息，其能量足以引发革命。此外，通过利用 Square 完成移动支付，超过 200 万家商户正在颠覆传统金融服务产业。2013 年，Square 实现了超过 5 亿美元的营收额。

这两家公司让多西成为了亿万富豪。2013 年 Twitter 首次公开募股后，多西持有的股份价值超过 10 亿美元；同年，据融资估值，他在 Square 持有的股份价值也接近 10 亿美元。

在联合创造这两家全球最热门的科技公司之前，多西并没有显示出天才的光环。他曾为救护车和警车开发过调度软件，两度从大学退学，从事过植物绘画，他还是一名拿过执照的按摩师，后来又涉足时尚设计业。最近，有消息传来，他还将参加纽约市长的竞选活动。多西的母亲有时会为儿子担忧，担心他永远找不到自己该走的路。

但多西自己很清楚，这些分岔的小径是人生道路上不可或缺的组成部分，而他的散漫不经正是严以律己的另一面。无论从精神层面还是身体层面来看，多西都是一个持续的"漫游者"，因为这能帮助他集中注意力："思考事情的最佳时刻是走路的时候。"他在 Square 总部、拐角处不远的公寓和几个街区外的 Twitter 办公室之间来回穿梭，几乎磨平了一条小道。每天上班前，他都要先跑 5~8 千米。他还喜欢利用漫步旧金山的机会招募新人。

这种"漫游者"的管理方式，曾在 30 年前的《追求卓越》（*In Search of Excellence*）一书中提到，该书提倡惠普公司两位创始人比尔·休利特（Bill Hewlett）与戴维·帕卡（David Packard）的领导风格和创新模式。但多西创造了"宽严并举"式的管理风格——坚持公司的核心价值观，保持工作场所的自主性。多西时常说："**要留意细节，但更要聚焦真正重要的事情。**"

多西关注的不仅仅是突破性的创意，还关注各种截然不同的公司结构，从而控制和发展它们。不管是出于有意还是无心，在如何创建和管理一家公司这个课题上，多西提供了一种原创模型。

一切都服务于想法本身

多西在美国密苏里州东部城市圣路易斯长大，是家中长子，父亲蒂姆和母亲玛西亚都是他的铁杆粉丝。2013年9月，老两口专程飞赴底特律参加科技经济大会（Techonomy Detroit），观看儿子的现场演讲，而对于聚光灯几乎习以为常的杰克，在后台承认这次非常紧张，为什么呢？"因为我爸妈都在看着我呢。"

杰克的父亲蒂姆经营着一家名为 MA Tech Services 的小公司，主要生产质谱仪，据说他是一位超级活跃的 Twitter 用户（Twitter 账号 @Tim535353）。杰克的两个弟弟丹尼尔（Twitter 账号 @darkside）和安德鲁（Twitter 账号 @andrew）也是"Twitter 狂人"，其中一个在自己的 Twitter 主页上设计了一串大写字母宣言：不上 Twitter 你不酷（U AINT COOL TILL U ON TWITTER）。

妈妈玛西亚也不甘落后。她的 Twitter 页面 @marciadorsey 上写着："我是 @jack 的妈妈……那么是否可以说，我是 Twitter 的奶奶喽？"

孩童时代，多西对地图及其绘制的城市非常痴迷。少年时代，他又对出租车行业和其他交通系统的调度服务产生了兴趣。16 岁时，多西试图成立一家属于自己的自行车速递服务公司，一部分原因是希望找到一个理由利用编程来运营业务，不过他后来发现圣路易斯市对于自行车信使没什么需求，这件事只好不了了之。

作为一名自学成才的程序员，多西 1995 年毕业于 Bishop DuBourg 高中，随后进入密苏里大学罗拉分校（University of Missouri-Rolla）就读，但没多久就退学了。他当时仍然痴迷于网络系统，发现的了纽约市一家名为调度管理服务公司（Dispatch Management Services）网站的安全漏洞，该公司的老板是格雷格·基德（Greg Kidd）。多西在该公司的计算机系统里发现了基德的电邮地址，随即给他发了一封邮件，提醒他注意网站安全。

14

如何成为创业多面手

杰克·多西与 Twitter、Square

基德收到邮件后立即为多西提供了一份工作，多西就此离开密苏里州前往纽约发展。

到了纽约后，多西入读纽约大学。尽管现在的多西打扮得体，时常以一身 Prada 西装亮相，但在纽约时，他却是戴着鼻环、梳着脏辫的朋克青年。直到现在，那身昂贵的行头下面还隐藏着戏谑的文身。那时他经常去艺术家聚集的曼哈顿东村（East Village）为"腐臭"（Rancid）之类的朋克乐队捧场。之后，基德和多西还联手创建了一家名为 dNet 的新公司，主要提供网上购物的当日快递服务。dNet 公司从天使邦（Band of Angels）—— 一个由 100 多家硅谷资深团队组建的投资联盟，获得了早期投资，可惜公司没有走上正轨。那是一个很好的主意，但却早了 10 年：直到今天，亚马逊和沃尔玛才开展了相同的业务。

dNet 创业失败后，杰克回到了老家圣路易斯。他开始接受按摩理疗师培训，不久又兴奋地跟着基德去了旧金山湾区（Bay Area）。他在基德位于加利福尼亚州奥克兰市（Oakland）罗克里奇区的房子后院的一间小屋里安顿了下来。据基德说，那个房间不到 6 平方米，有电源和宽带，还有一个浴缸。多西还帮助基德照顾他刚出生的小女儿，之后他找到一份工作，为一家往返旧金山旅游景点恶魔岛（Alcatraz）的轮渡公司编写调度和售票软件。随后多西又获得一份在初创播客 Odeo 公司的全职工作，该公司由谷歌公司前明星人物埃文·威廉姆斯创立。

尽管 Odeo 广受关注，但仍然没能成功。"我一点也不想做播客，但我想跟那样的团队一起工作。"多西说，他主要是指比兹·斯通（Biz Stone）和威廉姆斯。"我们并不是在开发自己热爱或者需要的工具，因此也没有那种为了自己一定要把它做好的想法。"这是从 Odeo 失败的乱局中，多西发现的一些很不错甚至堪称伟大的东西。他产生了要做一个微博平台的想法，而团队答应给他两周时间写代码。"我叫上另外一位名叫弗洛里安·韦伯（Florian Weber）的程序员，还有比兹，两周后我们做出来了，"多西回忆说，"渐渐地，我们从 Odeo 拉来了更多的员工。最终，我们脱离了 Odeo，成为一家独立的公司。"

这不是一家普通的公司。Twitter 让多西能够致力于完善一个想法而非运营一家商业实体——他在创办 Square 时也采用了这种方式。"我知道这是一个伟大的创意，我也知道它会迅速发展起来，因为我曾在其他工作中（主要是开发调度软件）实践过这种概念和技术精髓，"多西说，"之后，公司会围绕这个概念逐渐发展成形。"

最初，多西甚至没有把 Twitter 看作一家公司。Twitter 是逐渐"蜕变"为一家公司的，就像柔软的幼虫逐渐生出骨骼一样。**"如今要传播一个想法，最有效的工具是建立公司架构。200 年前，方式可能不太一样；100 年后，更有可能是完全不同的方式，"**多西说，"但一切都服务于想法本身。"

在 2007 年举办的西南偏南音乐节上，Twitter 得到了迅速的传播，并且从此一发不可收。公司募集了超过 10 亿美元的风投资金，投资者包括凯鹏华盈、数字天空科技（DST Global）、广和投资、标杆资本以及其他公司。随后，在 2013 年 11 月的首次公开募股中，Twitter 的股票再次暴涨，公司估值瞬间达到 250 亿美元。

让金钱发挥出更多作用

如今，多西仍然被看作一名程序员而非管理者。2008 年，他被迫辞去 Twitter 公司 CEO 的职位，仅担任董事长，不再负责公司的日常运营管理。多西并没有因此选择休息或者仅仅帮助 Twitter 提供内容指导，而是准备再次创业。多西在他那能够眺望老美国造币厂（U. S. Mint）的旧金山单间公寓里，联手 15 岁时曾雇用自己做暑期实习程序员的吉姆·麦凯尔维（Jim McKelvey）一起创建了 Square。新公司的创业灵感来源于一个现实问题，那就是麦凯维尔曾经是一名玻璃艺术家，他设计过一个价格 2 500 美元的水龙头，却因为无法进行刷卡交易而没能卖出。

成功法则 YOU ONLY HAVE TO BE RIGHT ONCE

Square 的计划是颠覆涉及数万美元的支付交易体系。Square 最初的名字是"Squirrel"，在英文俚语里有"一点点存钱"的意思，目的是让小型商户能够更加便利地在智能手机上使用这种可以刷卡的塑料装置，并且从中收取 2.75% 的手续费，不过这笔费用中的很大一部分将流入信用卡公司的口袋里。在最新的转型计划中，Square 开始为商户提供新选项，那就是每月支付 275 美元可以享受一年时间内最高额度为 25 万美元的不限制次数交易。

"多西着眼于如何让金钱发挥更大的作用，"曾参与 Square 首轮融资的风险投资人维诺德·科斯拉（Vinod Khosla）说，"这跟 Paypal 公司关注的问题截然不同。这是一个更为基础的问题：你能为金钱的使用者做些什么呢？"

Square 能做的并非只是转账交易。多西希望通过提供更棒的数据以拉近与顾客的距离，从而帮助零售商们更加高效地做生意。Square 推出了一项名为 Square 收银台（Square Register）的服务，能够将移动设备或者平板电脑转变为一套收银系统，并提供库存管理、客户追踪、业务分析之类的功能。Square 的下一项创新是 Square 钱包（Square Wallet），有了它，消费者买东西的时候不用刷卡，在一些商家甚至不用动手就能完成支付，其中包括星巴克咖啡，因为该服务使用定位技术告诉商家有哪些消费者来过。Square 钱包还允许零售商创建优惠活动。

这是一块潜力巨大的市场，竞争也非常激烈。Square 的竞争对手包括 Paypal 和各种信用卡公司，从某种程度上来说，也包括苹果公司。对多西来说，商业运营也是一个巨大的挑战，毕竟他还有 Twitter 公司的重任在肩。为了实现自己对这家公司寄予的厚望，多西为 Square 创建了一套非同寻常的组织架构——这也是他在时间管理上的一种高度结构化方案。"这家公司需要每星期一次的节奏。"他解释说。多西的日程安排大致如下：

- 星期一：提出管理问题；
- 星期二：产品开发和设计；
- 星期三：市场营销、交流和增长问题；
- 星期四：与外部合作伙伴和开发商会面；
- 星期五：企业文化建设和新员工招募；
- 星期六：休息（他喜欢远足）；
- 星期日：战略思考和新人面试。

有一段时间，多西在 Twitter 和 Square 两家公司同时推行这份日程表。2012 年，他开始隔一天去一趟 Twitter 公司，主要是为了讨论企业战略。

在如此军事化的管理方式下，如何兼顾自发性和探索精神呢？"我大部分时间在站立式办公桌前工作，任何人都可以来找我，"多西说，"而且我也会聆听公司里的所有对话。90% 的时间我都和那些不向我直接汇报工作的人一起度过，这样做也能产生'意外灵感'，毕竟我每天都在办公室里转来转去。你不用为那些'意外灵感'安排日程，那都是自然而然发生的事。"

多西认为，运转良好的公司管理模式，就像一家新闻编辑室。他曾在高中校报工作过，因此他把自己视作 Square 的总编，负责组织员工们提出的想法，并且为他们提供建议。"我真的很喜欢 Twitter 和 Square 公司的管理模式，因为它们能让公司里那些掌握最多信息的员工提出自己的想法，"多西说，"这种模式还让公司的领导者了解当前的趋势和交集，并且分派团队去处理这些问题。"多西认为，通过展示自己的创意，员工实际上能够在很大程度上影响公司的发展方向。

透明度和信任度是企业运作的原动力。多西坚持，**每一位为他工作的员工都要知道这家公司的目标是什么，以及为什么要这么做**。因此他在 Square 公司制定了一条令人惊讶的规矩：只要是两人以上参加的任何会议，都必须有人做会议记录，然后再把会议记录发给全体员工。

不管会议内容是什么：修补漏洞、新合作关系、意向合同、新产品发布还是下达重要指标，公司里的每一位员工都能了解到。多西表示，他一天会收到 30~50 份会议记录。他在电子邮箱里筛选出这些邮件，晚上回家以后在自己的 iPhone 手机上逐一查看。

更令人难以置信的是，每天如此海量的敏感信息在 Square 公司 400 多人之间传播和扩散，却没有一条泄露到网上去。星巴克 CEO 霍华德·舒尔茨（Howard Schultz）曾与多西会面，商谈利用 Square 处理 7 000 多家门店里所有的刷卡交易事宜。几个小时后，多西在全体员工会议上宣布了初步商谈结果。没有一个人发 Twitter 散布这个消息。"从公司成立的第一天起，我们的内部信息就是零泄露、零泄露啊！"说这话的同时，多西的手指在桌上敲击了两次以示强调。

2013 年 10 月的一个星期五，就在 Square 公司刚刚收购一家总部位于纽约、名为 "80/20" 的网站设计公司几天后，多西策划了一个命名为 "城市广场"（Town Square）的每周全体员工聚会，时间定在下午 5:05。"我们有饮料也有比萨，"他说，"不过今天我们吃热狗，因为这一次是为纽约欢庆。"这场聚会以 Jay-Z 的一首《心中的帝国》（*Empire State of Mind*）拉开帷幕，然后是介绍来自 "80/20" 网站的 24 位新团队成员，最后以歌手弗兰克·辛纳特拉（Frank Sinatra）版本的歌曲《纽约，纽约》（*New York, New York*）压轴。聚会中间还穿插了多西的简短讲话，内容是他本周前些时候对 Square 公司的董事会成员们说过的："我们要把展示给董事会的东西及其反馈告诉公司里的每一个人。"

除了 Twitter 和 Square，多西还想过再创建一家公司吗？"我的确很相信'三'的力量，所以从数字概念上来看，我很愿意再创建一家公司。"他沉思片刻后告诉我。会是哪种类型呢？好吧，他表示一直对教育和医保这两方面很感兴趣。或许，也有别的考虑。"我觉得政府很久没有变革过了，我们对政府运作的思维方式也很久没有改变过了，"他说，"我很乐意看到技术能够对此有所帮助。"

YOU ONLY HAVE TO BE RIGHT ONCE

THE

UNPRECEDENTED

RISE OF THE

INSTANT TECH

BILLIONAIRES

15

如何进行连续创业

埃隆·马斯克与特斯拉、SpaceX

扫码关注"未来创客"
回复"Musk"
查看相关视频

埃隆·马斯克可能是 21 世纪最伟大的创业者。32 岁前，他创建并且卖掉了两家极其成功的公司，其中包括 2002 年被易趣花了 15 亿美元收购的在线支付平台 PayPal。然而这还没有完，接下来他还有大动作，并且要双管齐下。这一次，马斯克挑战的是世界上规模最大、最难成功的两个行业：汽车业和航天业。他开创了特斯拉汽车公司（Tesla Motors）和太空探索科技公司 SpaceX，前者旨在制造稳定可靠的电动汽车，并成了美国汽车行业 50 多年来最为成功的创业公司，而后者则是太空探索项目的私营企业先锋。如今，这两家公司看起来是一路凯歌、前途无量，也为马斯克带来了远超 100 亿美元的净资产。

不过，当《福布斯》杂志记者汉娜·艾略特（Hannah Elliott）在 2011—2012 年花大量时间对马斯克进行采访时，他如今的成功看起来还远没有定数，而他的第二次婚姻也行将崩溃。现年 43 岁的马斯克曾经给艾略特几个月的时间，让她近距离地观察自己在东海岸和西海岸的工作和生活，并乐于分享自己在现实生活中天马行空的思想。马斯克是电影中的超级英雄"钢铁侠"的灵感来源，但比起"钢铁侠"托尼·斯塔克（Tony Stark），他更像电视剧《黑道家族》（The Sopranos）中的黑帮老大托尼·索普拉诺（Tony Soprano）。事实证明，天才也会受到质疑。

15

如何进行连续创业

埃隆·马斯克与特斯拉、SpaceX

加利福尼亚州洛杉矶高级住宅区贝莱尔（Bel Air）的一个星期四的清晨，刚刚洗漱、剃须妥当的埃隆·马斯克走进设在地下室的个人影院。这座占地近 2 000 平方米、法国新艺术运动风格的宅邸，被马斯克改造成了一个既能谈生意也能开派对的"根据地"。

真皮沙发和镶嵌着化学元素周期表的咖啡桌是马斯克实际的办公地点，不论是午夜过后集中发一批电子邮件，还是对诸如"酚碳热烧蚀板"（Phenolic Impregnated Carbon Ablator）这种"人类迄今发现的最佳隔热板"等航天器材料进行研究，这里都是一个绝佳的选择。这位年轻的亿万富豪是电动汽车制造商特斯拉和全球第一家将航天器送上太空轨道的民营航天公司——SpaceX 的创始人。当世界上的其他人纷纷醒来时，他并没有拖着沉重而疲乏的脚步赶往办公室，而是教我怎么玩《生化奇兵》（*BioShock*）—— 一个类似俄裔美国哲学家安·兰德（Ayn Rand）作品风格的大型第一人称视角射击游戏。

"这款游戏体现了黑格尔辩证法所决定的历史进程，"马斯克目光紧盯游戏屏幕并解释道，"你可以回溯一下世界近代史上发生的事，其有些类似相互冲突的哲学体系或者彼此对抗的文化基因，与其说是生物基因传承中的斗争，不如说是文化基因结构之间的对抗。"

是的，他在打电子游戏时的确是这么说的。

这场游戏打了 90 分钟。尽管此时有两家公司的重任在肩，召唤他完成使命——特斯拉正准备发布一款运动型多功能汽车（SUV），主要针对关心环保的"足球妈妈"①群体，并且即将推出一款新型小轿车；与此同时，SpaceX 正忙于测试"龙"飞船（Dragon）与国际空间站的对接活动。不过，马斯克显然愿意分散下注意力，偷得片刻闲暇，带我参观一下他的房子。

这栋占地 6 500 平方米的宅邸位于幽静的山顶，可以俯瞰太平洋，院里设有一座网球场（马斯克的弟弟开玩笑说，他和哥哥时不时的网球比赛打得太激烈了，以至于他每次赢得比赛就得赶紧逃走）、一座露天游泳池以及通往一棵大树的一条小径，作为 5 个男孩（7 岁的双胞胎和 5 岁的三胞胎）的父亲，马斯克打算在这棵树上建造一座树屋。房屋内部可谓富丽堂皇，里面有你能想象的亿万富翁拥有的一切华美家饰，地下有巨大的葡萄酒窖，卧室的主卫更是宽敞，马斯克甚至在里面放了一台跑步机。

除了这一切，房子里似乎还缺点什么，家里有些冷清，没什么人气。在恢宏的图书室里，一排排白色书架几乎空荡荡地"赤裸"站在那里，显得十分尴尬。马斯克一般都在手机上看电子书，他最近阅读的书目包括《富兰克林自传》和沃尔特·艾萨克森（Walter Isaacson）撰写的《史蒂夫·乔布斯传》。

室外的泳池被遮盖起来，修剪整齐的后院草坪上看不到儿童玩具、露

---

① 接送孩子参加足球训练的中产阶级家庭主妇。——译者注

天躺椅或者是家中常见的烤肉架，孩子们都在学校——刚经历过一场被媒体炒作得沸沸扬扬的离婚官司的马斯克，目前与从大学时代就相恋的第一任妻子贾丝廷共同享有 5 个儿子的监护权。他的第二任妻子是现年 29 岁的英国女演员妲露拉·莱莉（Talulah Riley），据说当时她正在英国拍电影。①房子里没有女人生活的痕迹——看不到任何女性衣服、鞋子和化妆品，甚至除了一张 8 厘米宽的全景照以外，没有其他私人照片。照片上，马斯克和莱莉在某个偏远的热带海滩上观看月食，他们身后是一艘私人游艇，马斯克的手臂环抱着莱莉，两人一起欢笑着凝望天空。另一面墙上挂着一张空椅子的照片，似乎只是这幅画框本身附带的照片。

我问马斯克有没有养狗，他说养了两条。但我没在房子里看到狗盆、狗绳或者咀嚼玩具之类的东西。马斯克告诉我，这座房子连同里面的家具都是租来的。尽管他住在这里，但如果把这里称作"家"的话，未免有些夸张。这里只是一个中转的驿站，一个玩反乌托邦电子游戏的绝佳场所。

魔法师，钢铁侠

马斯克身高 1.85 米，肩宽腿长，这与他的名字倒很相称，因为"Elon"在希伯来语中是"橡树"的意思，不过马斯克的家族来自美国宾夕法尼亚州的德裔族群，而非犹太人。今天出门时，他既没有选奥迪 Q7，也没有选保时捷 911，而是开了电量充足的酒红色特斯拉敞篷跑车，准备前往位于 32 千米外、位于加利福尼亚州霍桑市（Hawthorne）的 SpaceX 总部。开上 405 号高速公路后，马斯克十分细心地设置好敞篷跑车的最佳温度和风力，编排好混搭着罗比·威廉姆斯（Robbie Williams）、阿黛尔（Adele）

---

① 2015 年 1 月，马斯克宣布与莱莉离婚。——编者注

和贝多芬第五交响曲的音乐播放列表，然后冷静、平稳地飞驰在马路上。这一系列举动，生动地反映出他留给公众的典型形象，一个机器人式的天才——导演乔恩·费儒（Jon Favreau）在电影《钢铁侠》中塑造的主角托尼·斯塔克的现实版。这样的赞誉在很大程度上是名副其实的。

"每次我带三个孩子出去逛街，如果埃隆突然不见了，那他一定还待在某家书店里。"回忆起马斯克的童年，母亲梅耶尔这样说道。现年63岁的梅耶尔如今仍然是一位很受欢迎的时装模特。不久前，她还裸体上镜，装扮成孕妇，效仿好莱坞女星黛米·摩尔（Demi Moore）那张经典的孕妇裸照造型，为《纽约杂志》拍摄封面照片。"埃隆小时候会坐在地板上，完全沉浸在自己的世界里。他才八九岁的时候，就读完了整部《大英百科全书》，并且能够记住里面的内容！"梅耶尔说道。

马斯克在南非行政首都比勒陀利亚（Pretoria）长大，因为经常在学校里指出同学们的一些常识性错误，渐渐地被同龄人疏远。他认为自己不过是好心助人，但其他同学却认为他骄傲自大，并且经常以欺凌来"回报"他的热心。

"他可以坦诚到残忍的地步，有时候你会觉得：我的天，那些话可真伤人！"马斯克的妹妹托斯卡（Tosca）说，"然而，他并不是故意刻薄或者让人难堪，他欣赏人们坦诚相待。"

大学时代，马斯克在美国宾夕法尼亚大学攻读物理学和商科，随后又在斯坦福大学继续深造物理学和自然科学。在此期间，他虽然成熟了许多，但直率又呆板的性格却始终未变，并且把这种秉性带到了科学研究当中。母亲梅耶尔对此非常担心，她认为有必要经常去看看儿子，确保他每天吃点东西，换双新袜子。马斯克在宾夕法尼亚大学时的室友、如今也是科技企业家的阿德奥·雷西（Adeo Ressi）则认为："跟大学时比起来，马斯克现在开朗多啦，而且会开玩笑了。"

在去公司的路上，马斯克开着一辆外形酷似莲花的跑车，戴着万宝龙牌飞行员墨镜，谈论起他飙车时最喜欢的公路：毫无意外当数加利福尼亚州 1 号公路；他除了喜欢英国流行歌手罗比·威廉姆斯，还是披头士和平克·弗洛伊德（Pink Floyd）的铁杆粉丝，更是一名典型的摇滚爱好者；他最喜欢的汽车是 1967 年的捷豹 E-Type 超级跑车，他认为"它像野蛮女友一样桀骜乖张"。

"你想不想生活在一个不同的时代呢？"我问他。

"不，我很高兴生活在当下这个时代。"马斯克回答说，话语中透露出南非人特有的轻快腔调。

"为什么呢？"

"如果有人更愿意生活在其他时代，那他的历史课可能学得不太好。以前的生活很糟糕，人们懂的知识很少，而且很有可能年纪轻轻就得了某种可怕的疾病死掉了，或者不到中年就掉光了牙齿。如果是女人，境况可能更悲惨。"

说得好。

"如果让你穿越到几百年前，那么如今我们视作理所当然的事情，那个时代的人们看起来可能就觉得是魔法了，比如，能跟千里之外的人对话、传送图片，或者像神一样掌握大量信息。这些在几百年前都被认为是魔法。所以，无论从哪一点来看，工程学就是魔法，谁不想当个魔法师呢？"

自打离开斯坦福大学，马斯克一直都是他们这一代人当中最为出色的

"魔法师"之一。1995 年，他和弟弟金伯尔共同创建了 Zip2 公司，主要针对传媒产业提供软件和产品服务。1999 年，他把这家公司以 3.07 亿美元的价格卖给了康柏电脑公司（Compaq）。

1998 年，马斯克又参与创建了 PayPal，该公司于 2002 年年初上市，马斯克是这家公司最大的股东，直到 2002 年年末，该公司以 15 亿美元的价格被易趣收购。马斯克逐渐声名显赫：据说，他和莱莉 2010 年结婚的时候，谷歌的两位创始人拉里·佩奇和谢尔盖·布林把"谷歌"号私人飞机借给他们度蜜月；马斯克和莱莉还成为好莱坞最热门派对和周末高雅聚会的座上宾。

过去 10 年来，马斯克加倍施展自己的"魔法"，试图把电动汽车和民营太空开发产业打造成切实可行的商业项目。特斯拉汽车公司的总部设在旧金山帕洛阿尔托，为此，马斯克需要每星期两次乘坐自己的达索猎鹰（Dassault Falcon）喷气式商务客机在这两家公司之间通勤。好在特斯拉汽车公司的设计仓库不太远，就在 SpaceX 的后面。

不过，投资者似乎并不介意马斯克身兼两职的做法：特斯拉汽车公司以 2.26 亿美元的估值成功实现首次公开募股。2011 年，该公司创造了 2.04 亿美元的营收额，然而净亏损额达 2.54 亿美元。到了 2013 年，公司营收额增长至 20 亿美元，净亏损额却削减至 7 400 万美元。马斯克拥有特斯拉汽车公司大约 29% 的股份，尽管那时还没有实现盈利，但到 2014 年年中，其估值已经达到 260 亿美元。

成立于 2002 年的 SpaceX 目前尚未上市，它是由马斯克用出售 Paypal

获得的资金创建的，目前已经赢得价值超过 50 亿美元的卫星发射合同。2012 年，该公司的"龙"飞船成为世界上第一架对接国际空间站的私人飞船；2013 年，该公司将一颗卫星发射到地球同步轨道上，这样的壮举以往只有政府才能完成；到了 2014 年，该公司又成功测试了可重复使用的火箭助推器，此举可能会极大地缩减太空飞行的成本。马斯克认为，将"龙"飞船和"猎鹰"运载火箭（Falcon）结合起来使用，有望在 2015 年实现第一次载人航天任务。

行驶了半个小时后，我们到达了 SpaceX 公司总部。倘若你还不太了解这家公司的话，那么你会觉得它看起来像一个电影片场，里面有穿着钢铁侠铠甲、真人大小的托尼·斯塔克雕像，甚至还有一家冰淇淋店，一群中年工程师大叔正排队等着给自己的免费圣代冰淇淋做浇头呢。比起马斯克租来的豪宅，这里的墙壁装饰更加令人印象深刻。马斯克指给我看墙上的一幅肖像画，画上的人物是沃纳·冯·布劳恩（Wernher von Braun），布劳恩曾支持美国国家航空和航天局（NASA）的"阿波罗登月计划"；他又指引我看另外一幅巨大的火星照片，这是他梦寐以求开疆拓土的地方，他还为我找到了火星腹地巨大断裂地带"水手号峡谷"（Valles Marineris）所在的位置。不过，真正的展示是在制造车间，圆锥形的"龙"飞船正静静地等待与空间站对接的时刻。

马斯克身边围绕着地球上有史以来最棒的玩具，他返回自己的办公室——一片巨大的半开放型转角区域，事实上，SpaceX 和特斯拉都秉承开放式办公的理念——他手里拿着一把剑，剑柄裹以珍珠鱼皮，这把剑是为了奖励他在商业领域取得的成就。他开始持剑挥舞，"这玩意儿真可能刺伤人，"他说，"我想把它舞得'嗖嗖'作响，但可不想拿它杀人。"

我举起一张纸帮他做瞄准练习，马斯克还真是信守诺言，他立地舞剑刺纸，试着尽量不杀死我。不过他还是没能成功地把纸张一分为二，只是把纸击落了。他不甘受辱，又对着眼皮底下一棵盆栽植物"复仇"，最终凭着一名工程师专家的精准度，把几片树叶子划拉了下来。

天才亦凡人

马斯克不仅以理性和才华著称，还享有"花花公子"的名号。他曾戴着爆炸头假发，身着休闲西服，彻夜跳舞玩乐；也曾包下全纽约城的俄罗斯俱乐部纵情狂欢；还曾在内华达州黑岩沙漠里充分体验反传统节日"火人节"（Burning Man）。他年轻、英俊、凭自身努力发家致富，他是所有社交俱乐部炙手可热的宠儿，其中包括在 2008 年遇到 23 岁的妲露拉·莱莉的那家伦敦夜店。所以，在好莱坞一个星期五的午夜时分，我还在等马斯克给我回短信，这就不足为奇了。

我们的主意是，让他和他的一帮朋友们向我展示他所生活的那个"洛杉矶"——当拥有无限财富可以畅行无阻地进出任何地方时，这座"天使之城"会呈现怎样一幅景象。我们为此一整天互发短信。但是，根据他的最新信息，他正在好莱坞私人会所苏荷馆（Soho House）同密友——《钢铁侠》导演乔恩·费儒共享清静的晚餐。"晚些时候，我们可以在比弗利山酒店（Beverly Hills Hotel）或者其他地方见面喝一杯。"他发短信说。

但是，到了午夜 12 时 30 分，他发短信说，感觉不太妙："我刚离开苏荷馆，已经在回家的路上了，觉得很累。今天一大早就陪孩子们起床了，没睡多少觉。"随后又是一条信息："事实上，最近我很少去俱乐部，过去一年只去过两次，还是朋友们硬拉我过去的。"

当时，我在离比弗利山酒店几千米远的空房间酒吧（The Spare Room）和一群朋友一起等他。有朋友开玩笑说，我"被辣妹挤掉了"——这是一句洛杉矶社交圈流行语，意思是约会对象被漂亮女孩抢走了，但那听起来不太像真的。后来，我无意中从其他人那里得知，那晚的确有人看见马斯克和费儒在苏荷馆吃饭了，正如马斯克之前所说的那样。而且，在之前的三个月里，他一直诚恳地回复我的每一个电话、每一封邮件和每一条短信。

不过，他确实跟我"失联"过一次。大约有三个星期，其间经历了圣诞节和新年，除了通知我取消一次拍照预约，他那边一直没有任何回音。似乎他又退回到那栋租来的"根据地"，开始了漫长的冬眠。

2013年1月17日深夜，他的一条Twitter消息解释了这一切："@rileytalulah，和你在一起度过了美好的4年。我会永远爱你。相信有一天，你也会让另外一个人快乐。"

一看到这条分手消息，我立即给他发了邮件——10分钟后，他那边的时间是早上7时，从分手打击中回过神来的马斯克给我回了电话。"我很难从情感上接受和她分手这件事。"他平静地说。尽管他的确悲伤，但生活仿佛照旧。"基本上可以说，我已经不爱她了，我们也很难再回到从前。"将分手的消息公之于众也是一种解脱，因为在过去的几个月里，他和莱莉很明显无法再继续下去了。

事实表明，莱莉已经有好几个月没有和马斯克在洛杉矶一起生活了。根据法庭文件，是她主动提出离婚的。

马斯克第二次离婚比第一次要容易些，据说双方以400万美元达成协议。大约两年后，有小道消息说，他们曾试图修复彼此之间的关系，可惜此举没能挽回婚姻。2008年，马斯克的第一次离婚闹得沸沸扬扬，场面很是难堪，被他称为人生中最艰难的一年。他的第一任妻子贾丝廷·马斯克（Justine Musk）没有对本次报道的采访请求做出回应，不过她曾对时尚杂志《嘉人》（*Marie Claire*）讲述了他们的婚姻问题："帮助马斯克取得非凡成就的那些个人品质，也决定了你跟他在一起的生活，你完全是在过他的生活……而且没有丝毫妥协的余地，因为他根本没有时间寻找折中的方案。"对此，埃隆·马斯克基本保持沉默。

马斯克还相信爱情吗？他的回答是："当然，毫无疑问。"尽管目前他不知道怎么样、在哪里才能找到真爱。他对理想人选的品质要求是：正直无私、工作勤勉、脚踏实地，但这听起来跟他以前那种好莱坞俱乐部式的生活方式很不搭调。

当马斯克在特斯拉汽车公司位于霍桑市的设计仓库主持新型特斯拉SUV 的发布派对时，他的两个世界——好莱坞和硅谷终于汇聚在一起了。马斯克邀请了流行乐队 Foster the People 前来暖场，这个乐队三天后还将在格莱美颁奖礼上表演。到场嘉宾约 2 000 人，从时尚潮人到风投资本家不一而足，其中包括电影《美国队长》里的男演员克里斯·埃文斯（Chris Evans）、加利福尼亚州州长杰瑞·布朗（Jerry Brown）等名流政要。宾客们尽情享用龙虾和凯歌香槟（Veuve Clicquot），并且大声要求希望与马斯克一起共度美妙时光。

身着深蓝色天鹅绒外套和深色牛仔裤的马斯克站在舞台中央，他讲了一个关于天然气开采技术"水力压裂法"的笑话：这个世界迫切需要可持续性的交通工具，如果本世纪我们不能解决这个问题，那我们就要被"水力压裂"了！可惜这个笑话没有起到效果。他只好淡定地站在那里，注视着设计师们吃力地试图打开特斯拉 SUV 那厚重的前盖。"可能是保险锁卡住了。"他解释道。他在派对上待到很晚，却似乎只喝了点水。周围不少女士争相与他合影，他十分配合地摆好姿势，但似乎没有对哪一位女士特别感兴趣。一半时间里，他都坐在角落的沙发上，周围是一群身着运动夹克和休闲皮鞋、打扮入时的男士们。

那个晚上对马斯克非常重要，他宣称这款新型 SUV 配有鹰翼式车门，是迷你货车的实用性、奥迪 Q7 的炫酷外形和保时捷 911 的卓越性能三者优点的完美结合，并且顺势成为 2012 年推出的、售价 5 万美元的 Model S 电动轿车的升级产品。他需要一款热销产品：2012 年，特斯拉汽车公司拥有高达 36 亿美元的市值，却只卖出了大约 2 000 辆 Roadster 敞篷跑车，如今这款汽车已经停产。

不过，他看起来似乎很轻松，就像我曾见过的那样。对于新款 SUV 和即将发布的电动小轿车，等候购买的客户名单已经很长了，而他的轻松态度也流露出他在私人时间的平和状态。两天后的一个清晨，我再次造访了他的宅邸。这一次，大房子里的氛围显得活跃起来。这天是星期六，孩子们都待在家里——爸爸正和 5 个儿子吵吵闹闹地玩着一种类似躲避球（dodgeball）的游戏，他们叫"躲过球"（dogball）。马斯克和他的老朋友雷西也开始带各自的孩子们，去加利福尼亚州约塞米蒂国家公园参加"跟老爸一起露营"的活动。

我带着一批摄影团队，其中包括 3 名摄影助理、1 名化妆师、1 名时尚指导，还有一位金发碧眼的法国女郎——她是被派来专门照看价值 3.5 万美元的帕玛强尼（Parmigiani）瑞士腕表的，马斯克拍照时可能要用到这款表。出人意料的是，马斯克对这款腕表竟然没什么反对意见。就在那个星期早些时间的一次拍摄中，他当场表示拒绝穿戴我们特意为他准备的汤姆·福特（Tom Ford）、乔治·阿玛尼（Giorgio Armani）和拉夫·劳伦定制西装。"你们最好找点别的来，"他对造型师说，"我不想看起来像个大学生，那不是我的风格。"

他最终对我们挑选的服装和配饰感兴趣了，甚至还买了几件。他高兴地配合着我们的要求，换衣服时甚至还吹起了口哨，是弗兰克·辛纳特拉的歌曲。

在去机场的路上，我发邮件给他，感谢他的款待以及把我们介绍给了他的孩子们。他很快就回复了，内容一如既往的简明扼要："不客气。现在生意和孩子们都挺好的，只差浪漫的爱情了。实在不行，我就出家当和尚去。"

YOU ONLY HAVE TO BE RIGHT ONCE

THE UNPRECEDENTED RISE OF THE INSTANT TECH BILLIONAIRES

16

如何搭建一个创业平台

佩吉曼·诺扎德与天使投资人

扫码关注"未来创客"

回复"Nozad"

查看相关视频

　　如果严格从个人资产或者创建的公司来看，佩吉曼·诺扎德可能是本书出现的人物中取得的成就"最低"的那一个，但他同样也是最激励人心的那一个。诺扎德并不是一个充满颠覆性创意的创业者，他甚至不是一个会去投资具有颠覆性创意的创业者。相反，他只是一个在正确的时间、正确的地点，以一种巧妙绝伦的方式将重要资源整合起来的中间人。硅谷是一个由想法和执行力统治一切的精英社会，但是你的人脉关系也很重要。你若想得到一笔创业基金，除了斯坦福大学以外的最佳去处就是距离学校数千米的美达连地毯精品店（Medallion Rug Gallery）。

　　伊朗移民诺扎德是通过卖地毯这个行当进入科技圈的。事实证明，魅力、机遇、智慧和本能的结合，可以为你带来1亿美元的财富。《福布斯》杂志记者维多利亚·巴雷特从一个又一个创业故事的细节中，运用优秀记者特有的本能发现了诺扎德。例如，本书前文提到的Dropbox创始人德鲁·休斯顿，他在与诺扎德会面几天后，称其"基本上算是帮我们牵线搭桥的"。"灰姑娘"式的商业传奇人物故事并不多见，而诺扎德却是一个典型的例子。

加利福尼亚州帕洛阿尔托 2 月一个温和怡人的傍晚，佩吉曼·诺扎德正在沙丘路（Sand Hill Road）热门娱乐场所紫檀木酒店（Rosewood Hotel）的露台上喝茶，这里是硅谷风投之都的核心地带。诺扎德落座的这张桌子靠近露台中央，这样他就可以看见酒店来来往往的人。与往常一样，这里挤满了投身创业大计的各色人等：戴着近视眼镜、身穿牛仔裤的创业者与身穿挺括西裤、驼色意大利真皮休闲鞋的融资者正在攀谈。诺扎德一副典型的投资者模样，头发斑白，浅蓝色休闲西装配上淡色涡旋纹图案的装饰方巾，他正心情愉快地为创业者与投资者之间牵线搭桥。

"那是迈克·阿博特（Mike Abbott），你认识他吗？他是我所知道的最聪明的人之一，可以说是才华横溢。"诺扎德边说边向阿博特热情挥手打招呼，询问有关阿博特孩子的近况。阿博特曾在 Twitter 公司担任工程部门主管，现在跳槽到著名风投公司凯鹏华盈担任合伙人。阿博特刚刚离开，诺扎德突然起身向洛伦佐·蒂奥尼（Lorenzo Thione）问候示意："天哪，你还好吗？"出生于意大利的蒂奥尼是搜索引擎公司 Powerset 的联合创始人，微软于 2008 年以 1 亿美元的价格收购了该公司，而诺扎德是这家公司的早期投资者。诺扎德继续说道："我知道你不会一直待在微软，你骨子里就喜欢自己创业。"

蒂奥尼高兴地向诺扎德介绍他最近正在做的"激情事业"——一个类似在线视频网站 Netflix、目标是为高端现当代艺术提供服务的网站。他提到了自己的资金需求。诺扎德微微前倾："这个点子不错。我给你介绍几个人，你可以跟他们谈谈，我认识纽约一些顶级的室内设计师。不过我想先见见你的联合创始人，在投资前我需要先跟创始人聊一聊。"

露台上的喧闹逐渐冷却下来，诺扎德扫视了一眼酒吧。紫檀木酒店进入了深夜。科技界人士收起了 iPad，开始悠闲地品尝鸡尾酒，而几位风情撩人的女郎吸引了大家的注意力——这或许是资金再次在硅谷这个科技圣地自由涌动的最明确迹象。诺扎德打算换到门口那张转角沙发上去。"我怕朋友们找不到我。"他对一名身材丰满的女服务员说。

诺扎德舒舒服服地坐到了新位置上，随后他发现了达里安·希拉兹（Darian Shirazi），希拉兹在读高中时就作为首位实习生及早期雇员加入了Facebook。短短几分钟后，诺扎德开始谈起希拉兹的商业数据初创公司Radius，应该关注哪几位关键投资者以及可能请到哪些人来担任董事。同时，诺扎德提到了一个朋友，并建议希拉兹把这位朋友介绍给他的表姐。诺扎德强调说："他是个好男人，但是你表姐必须从伦敦搬过来，她属于这里呀。"希拉兹像文化翻译似地接话道："波斯人总是喜欢给人做媒。"

这就是诺扎德整日忙碌的事情。作为硅谷最著名的牵线人之一，知名投资者一定会接他的电话，取得成功的创业者则把他视为大叔级的长辈，他还在全球最热门的一些初创公司里积累了一小部分股份。然而，诺扎德并没有硅谷必备的各种硬件——文凭，他既没有 MBA 学位，也没有博士学位，更没有（用他自己的话说）"任何技术背景"，他也从来没有在科技公司工作过。

成为硅谷最具影响力的连接者和个人净资产达到 1 亿美元的风投人，诺扎德成功的途径十分简单：卖地毯。

不主动提出要求，就得不到想要的东西

帕洛阿尔托市的大学路（University Avenue）充分反映了该市的多元化。它始于横跨旧金山湾区南端的敦巴顿大桥（Dumbarton Bridge），穿过杂乱破落的东帕洛阿尔托地区，然后是一段沿途点缀着价值数百万美元豪宅的林荫道，最后到达斯坦福大学。距离斯坦福大学几百米远的一家星巴克咖啡店和一家泰国餐厅的对面，就是美达连地毯精品店。36 年来，阿米迪家族一直在这家仓储式商店出售高档伊朗地毯。

1994 年，阿米迪家族的大家长阿米尔·阿米迪（Amir Amidi）接到诺扎德打来的电话。诺扎德当时没有任何销售经验，英语也很差，但在看到该店的一则招聘销售人员的电视广告后，便打电话过来应聘。阿米迪用波斯语询问这位贸然来电者："你销售过什么产品吗？"

"没有，但请给我一次机会，"诺扎德回答说，"你还没有见过我，怎么能拒绝给我机会呢？"那时候，诺扎德就已经懂得，如果你不主动提出要求，你就得不到想要的东西。诺扎德在伊朗德黑兰长大，20 世纪 80 年代，他的家人逃到德国。诺扎德打算在伊朗服完兵役后，就去德国与家人团聚。诺扎德通过为伊朗国家足球队效力来代替服兵役，当他快要退役时，一名军官对他是否满足退伍条件提出质疑，于是诺扎德找到一位伊朗高级

神职人员，就足球的益处对他进行了采访并发表相关报道，这促使他的退伍审批程序提前完成。

诺扎德来到德国曼海姆（Mannheim），与家人团聚还不到一个月，本打算继续踢足球的他在哥哥的劝说下去美国领事馆申请签证。这就像个怪圈——他的哥哥痴迷美国文化，几乎天天去美国领事馆申请签证，但每次都遭到拒签。一天上午，诺扎德去美国领事馆面签，提到他曾做过关于足球采访的事情，于是很快得到了一张新闻工作签证。两个月后，他坐上前往旧金山的飞机去投奔一位叔叔，当时他只带了 700 美元，而且只会讲几句简单的英语。

诺扎德先在加利福尼亚州圣何塞（San Jose）的一家伊朗人开的洗车店打工，然后在红杉城（Redwood City）一家卖咖啡和酸奶的店里打工，这家店位于一家墨西哥餐厅和一个社会保障机构办事处中间。他晚上自学英语，住在店铺楼上一个堆满餐巾纸、杯子和咖啡豆的凌乱小屋里。在这里打工时，诺扎德偶然看到一家地毯店的招聘广告，幸运的是，刊登这则广告的老板也是一位伊朗移民——他在伊朗国王被废黜后逃离自己的祖国，后来在美国成功地经营了家族生意。

"我父亲有经验，而诺扎德有热情，"阿米迪（2000 年过世）的儿子赛义德（Saeed）说，"美国梦是双向的。许多富人要学会与年轻人分享知识和经验，并一起承担风险，这样财富才会永远存续下去。这种事情司空见惯，因为很多年前也有人这样对待过他们。"

接下来的 15 年里，随着英语水平和自信心的提高，诺扎德成为阿米迪的金牌地毯销售员。在业绩最好的一年里，他卖出总价达 800 万美元的地毯。但收获还远不止于此，诺扎德非常善于把握机遇，作为美国新移民的诺扎德意识到，这是命运的馈赠，让他能够在最关键的时期、最关键的地区，接近全球最关键产业的那些最关键的人。

因此，他必须确保自己不会错失良机。诺扎德每次拜访客户都要携带 20 多张地毯，还坚持在客户家中会面，因为每次会面"至少要谈两个小时"。拜访前夕，他先利用谷歌搜索引擎对客户进行全面的调查和了解，这样一来，他就可以利用地毯展示学习新东西。诺扎德彬彬有礼地向每位客户提出有关他们的事业、品位以及对世界形势看法的一系列问题。起初，这种感觉有些尴尬。但几个月过后，他就能随口说出一些人名，思考一些科技发展趋势。"那些聪明人能理解我，"他说，"他们懂我的意思，还会邀请我去他们的办公室。"

之后，诺扎德开始扮演东道主的角色。他经常在地毯店举办鸡尾酒会，召集一些顶级风投家与创业者进行面对面交流。"过去人们常常取笑我老往地毯店跑，"红杉资本资深合伙人道格·利昂（Doug Leone）说，"下午 5 时，地毯会被收起来，平板显示器放了下来。大多数人是像我这样的意大利、伊朗或者印度移民，我觉得挺自在的。"

诺扎德当时还没有太多个人资产，但已经把他当作自己第三个儿子的地毯店老板阿米迪，注意到了诺扎德牵线搭桥的特长。阿米迪也加入到火热的风投大潮中去了，这个家族在离地毯店不远的地方买了一幢小办公楼用于出租，当时的租户包括只有几名员工的谷歌公司，阿米迪注意到谷歌呈爆炸性增长的势头，此时另一个租户 PayPal 公司也开始迅速发展——阿米迪参与了这次投资。"我们发现，周围每个人都比我们赚得多，"赛义德·阿米迪说，"这个游戏非玩不可了。"

1999 年，阿米迪家族正式成立了一个投资基金，诺扎德加入其中并担任事实上的"交易侦查员"。该基金最初的资金规模是 200 万美元，诺扎德投入了自己的全部积蓄 20 万美元，获得该基金 1/3 的股份。这家基金的名称也融合了这两个家族的名字——阿米迪扎德（Amidzad）。虽然他们每笔投资的数额相对较小，一般都是 2.5 万美元或者 25 万美元——大多数风投家对这点小钱都不屑一顾，但诺扎德的努力总会为他赢得加速合伙公司萨米尔·甘地（Sameer Gandhi）口中的"诺扎德专属"礼遇。

"他嗅觉灵敏，善于发现机会，"红杉资本的利昂评价诺扎德时说道，他带领诺扎德一起投资了 4 家公司，"我相信这个家伙，他很像我。"

诺扎德的第一笔较大的投资对象是一家专门研究便携式数据交换设备的创业公司 Danger，他曾卖给 Danger 联合创始人安迪·鲁宾（Andy Rubin）一条价值 5 000 美元的地毯。这笔交易谈了好几个小时，给诺扎德留下了深刻的印象。诺扎德询问了有关 Danger 的情况，虽然他对这项技术不太了解，但在与现任谷歌安卓系统运营主管的鲁宾进行了第一次业务会谈之后，诺扎德对他的人生导师阿米迪说：**"如果这个人是在兜售自己的激情和梦想，那我愿意给他投资。我相信他会实现目标。"** 于是阿米迪扎德基金开了一张支票，向这家公司投资了 40 万美元。

雄厚的人脉关系网是成功的关键

Danger 后来发展成为一家手机软件公司，最终以 5 亿美元的价格被微软收购，但阿米迪扎德基金那时在该公司所占的股份已被稀释成很小一部分了，诺扎德在 8 年的时间里只赚得相当于原始投资两倍的回报。这场交易达成后不久，山姆·费尔多斯（Sam Ferdows）受聘成为阿米迪扎德基金的律师，他回忆说："诺扎德几乎每周都会告诉我一些新的'有史以来最棒的投资交易'，他当时主要靠人脉做生意，甚至不会阅读交易协议后面字体很小的附属条文，我认为他们从未意识到协议后面还有小字体的附加条文。有一次，他告诉我，有人打算出让他自己持有的部分附股权益。他说：'见鬼，那到底是什么东西？'"

诺扎德意识到了自己的弱点，所以他只在那些经验丰富并且与自己交情颇深的人愿意投资的情况下才会参与投资。谷歌公司和客户关系管理软件 Salesforce 的早期投资人、人称"鲍比"的巴巴克·"鲍比"·雅兹达尼（Babak "Bobby" Yazdani）就是他早期的生意场贵人之一。雅兹达尼曾向 Salesforce 公司 CEO 马克·贝尼奥夫（Marc Benioff）就其公司首批重要成员人选提供过建议，他还创办了人力资源软件公司 Saba。诺扎德曾卖过几条地毯给雅兹达尼，还安排了一名打算创业的芯片设计师与他会面。雅兹达尼为什么没有礼貌性地无视诺扎德呢？他解释说："**对于硅谷的很多移民和创业者来说，谦卑是一种根植于文化中的传统。我们初来乍到的时候一无所有，除了自己的家人和学历。所以，当认识的人请你做一些事情时，帮忙是应该的。这是一种礼貌，也是一种理念。**"

自那以后，雅兹达尼与诺扎德联合投资了 8 家初创公司。可以说，雅兹达尼是为诺扎德的资金赋予吸引力的一块"诱饵"。诺扎德在一家波斯餐厅举办一次晚宴时遇到乔·朗斯代尔，后者不是初出茅庐的新手，曾联合创办数据挖掘公司 Palantir，随后离开公司再次创建个人财富管理技术服务公司 Addepar，并且吸引了不少潜在投资者。诺扎德最终获得了朗斯代尔和他及雅兹达尼会面的机会，他巧妙地说服朗斯代尔在其位于加利福尼亚州洛斯阿尔托斯的家中见面。"在一个人的家里，你能对这个人了解更多。"诺扎德说，这完全来自于他从前推销地毯时所获得的经验。会面时，他观察朗斯代尔和雅兹达尼如何交流。朗斯代尔表示："我喜欢诺扎德，也需要鲍比，毕竟鲍比懂得如何管理初创公司，而我对公司管理层结构之类的事情并不在行。"

诺扎德也需要寻求技术方面的顾问。网景公司创始工程师卢·蒙特利（Lou Montulli）是诺扎德交到的首批硅谷朋友之一。1997 年，蒙特利带着三条地毯走进阿米迪的地毯店，那是他前妻和一位室内装饰师留下的，他想清洗一下地毯或者最好直接卖掉它们，但诺扎德最后竟然说服他又买了两条地毯。现在，蒙特利在几处房子里有 20 张地毯。当时，诺扎德向蒙特利展示了古董织布机以及关于地毯编织工的录像，还向他简单介绍了伊朗地毯业的历史。"他让我学会欣赏这门工艺。"蒙特利说，之后他又把其他几位需要地毯的、网景公司的百万富翁们介绍到店里来。渐渐地，他们开始谈论科技，诺扎德把蒙特利引荐给创业者。**"从地毯到科技创业公司，可以说是一种飞跃。但他拥有的交易量颇为惊人，这主要依赖于他雄厚的人脉关系网，而这正是在该领域获得成功的关键要素之一。"**蒙特利说。

然而，诺扎德的投资判断能力并不算完美。其中最具代表性的是，他曾经放弃了入股 Facebook 的机会，却转投斯坦福大学一项惨遭失败的同类社交应用 Affinity Circles。诺扎德在他的苹果手机上展示了一段估计将被载入科技史的记录，不无自嘲地说："瞧，这就是 Facebook 前总裁肖恩·帕克发来的电子邮件……"但总体而言，诺扎德取得的成就确实是令人叹服的，因为他早期投资的许多家公司，包括高清在线视频播放网站 Vudu、视频协作软件公司 Vivu、在线竞赛网站 Bix、购物搜索引擎网站 Milo 等，后来都被科技巨头们以他最初投资至少 5 倍的价格收购了。虽然称不上巨富，但诺扎德已经实现了真正的"美国梦"。

之后，诺扎德在硅谷创业孵化项目 YC 创业营 2007 年的大会上，发现了两名年轻的创业者：德鲁·休斯顿和阿拉什·费尔多西，他们当时正在宣讲并演示 Dropbox 云存储服务。诺扎德想办法拦住了费尔多西，并用波斯语和他攀谈。几天后，他就在地毯店里迎来了这两位创业者的拜访。

诺扎德把他俩带到地毯店的里屋，边听音乐边喝波斯茶，休斯顿觉得当时的一切十分可笑，他回忆说："我当时随身携带着用来偷拍的袖珍照相机，就等着他露出马脚。"

仅仅一天的时间，诺扎德就成功安排 Dropbox 创始人向红杉资本进行融资推介。诺扎德给好友利昂打了电话，利昂立即给休斯顿发邮件约见。休斯顿说："那个星期我们就和利昂会面了，他是我们最大的支持者。"两天后，声称"诺扎德的电话必接"的红杉资本合伙人迈克尔·莫瑞茨一早就去休斯顿和费尔多西的公寓拜访他们，以期做出最后决定。又过了两天，诺扎德巧妙地混入在旧金山意大利餐厅 Pane e Vino 举办的酒会。在那里，后来加入加速合伙公司的前红杉资本合伙人萨米尔·甘地、休斯顿和费尔多西三人共同敲定了一轮投资总额达 120 万美元的种子基金。

当晚，诺扎德几乎一言未发，但却成功地为阿米迪扎德基金争取到了 Dropbox 的一部分种子基金股份。"他帮忙牵线搭桥，我们要对得起他。"甘地表示。根据 Dropbox 2014 年的新一轮融资测算，该公司的估值达到 96 亿美元，而诺扎德的那部分股份目前的价值为 1.5 亿美元。

年轻创业者的引路人

诺扎德来到朋友凯利·波特（Kelly Porter）位于圣何塞北部洛斯阿尔托斯山的石溪庄园（Stonebrook Court），这是一幢面积达 2 800 平方米的都铎王朝式豪宅，他在木饰的图书馆里转悠了一会儿，注意到墙壁上挂满了略显沉闷的 19 世纪名画；大理石的壁炉里，温暖的火焰"噼啪"作响。"这里的一切令人难以置信，"诺扎德一边说着，一边向舞厅望去，欣赏着 16 世纪的威尼斯彩绘天花板，"我正在跟 Lady Gaga 谈合作呢，我想在这里为我所有的创业者举办一场派对，这个主意很棒吧？"诺扎德没有开玩笑，毕竟他是由音乐圈内人发起并创建的艺人社交媒体平台 Backplane 的投资者之一。

波特在一家小型并购咨询公司工作，他出于人情邀请了诺扎德。那天早些时候，20 多名投资银行家和交易律师聚集在石溪庄园的舞厅里，谷歌、Facebook、Twitter 和其他顶级科技公司的企业发展部门负责人透露他们最新的收购意图，这就是那种典型的、轻松愉悦的硅谷聚会。诺扎德也带着创业者前来赴约，其中包括一个 21 岁的年轻人。这个年轻人一脸稚气，刚从斯坦福大学退学，准备在社交支付服务方面一展身手，不过他几乎没有任何创业经验。

鸡尾酒会期间，诺扎德带来的那些着装随意的年轻创业者扎堆聚在一起，就像一群高中生，尽管他们相互之间并不认识，而剩下的人们都是西装革履。"我仍然得时不时地提醒一下自己，"斯坦福大学辍学生谢恩·赫格德（Shane Hegde）说，"我不敢相信自己正过着这种生活，诺扎德是一个很棒的引路人。"

诺扎德相信赫格德"才华横溢"，他刚投资了赫格德创立不久还未引起注意的公司 Swap。不过，诺扎德并没有在石溪庄园聚会上做自我推介。当一位并购律师问诺扎德从事什么工作时，他只是说自己"为最出色的人才投资"。

16

如何搭建一个创业平台

佩吉曼·诺扎德与天使投资人

风投行业变得越来越复杂。它曾经是富人的业余爱好，但如今包括保罗·格雷厄姆创立的 YC 创业营、埃里克·施密特（Eric Schmidt）的明日基金（TomorrowVentures）、罗恩·康韦的 SV Angel 等大量所谓"超级天使资金"层出不穷，数亿美元资金不断涌向雨后春笋般涌现的初创公司，除了提供金钱，他们还许诺提供人脉关系和专业技术。"创业项目和风投人简直泛滥成灾，"一位知名风投家暗自嘲笑道，"对于许多有经验的业内人来说，这并不是什么好现象。"与此同时，那些资金雄厚的风投公司还涉足了数额较小的投资，从而得以较早介入有前途的创业公司。

对此，诺扎德并不担心，因为他向创业者提供的东西别人通常不会想到。有一次，他把妻子的三菱幻影汽车送给了一名创业者，这个年轻人才 21 岁，刚刚从以色列搬到美国，身无分文。一年后，诺扎德和红杉资本共同在这个年轻人的初创公司中拥有了部分股份。2011 年，他又出钱帮一名创业者从得克萨斯州搬到加利福尼亚州帕洛阿尔托。"虽然我对他的创业构想没兴趣，但这个人很有才华。"诺扎德说。他还定期组织斯坦福大学伊朗裔学生活动，最近一次活动是参观 Facebook 新总部大楼。"他们应该雇用所有这些学生，他们都非常聪明！"未来有一天，这些学生中总有一些人会自己创业，他们会给诺扎德打电话，邀请他参与投资。

没过多久，诺扎德就在帕洛阿尔托的一家新奥尔良风格的餐厅包间里召集了他的 7 名创业者，其中有 3 名是伊朗人。喝了几杯酒后，谈话主题就从商业模式转移到伊朗故乡的家庭故事上。有深夜用大篷车把家人偷运到阿富汗沙漠的故事，还有多年漂泊期待去美好地方生活的故事……当诺扎德说起几年前，他带着自己青梅竹马如今已经结婚 19 年的妻子及子女的伊朗探亲之旅时，眼眶不由得湿润了。

　　从借助神职人员之力成功退伍到现在，诺扎德历经了诸多风风雨雨。2010 年，诺扎德决定脱离阿米迪扎德基金自立门户，如今他仍与阿米迪家族一起合作投资，但更多的是用自己的资金独立交易。"我发现自己还挺擅长做这个的，"他说，"它需要集中注意力。"除了 Dropbox，信息服务公司 Addepar、社交网站 Path、社会慈善初创公司 Causes、游戏公司 Badgeville 和约会网站 Zoosk 等也让诺扎德赚了一大笔钱。2013 年，诺扎德更进一步，他与拥有电气工程博士学位的前创业者玛尔·赫什森（Mar Hershenson）联合创办了一家投资公司，该公司获得了 4 000 万美元的融资，并投资了定向市场营销软件 Sensor Tower、打车软件 Uber 的简洁版 Washio 软件等初创公司。这位努力多年的中间人终于可以在自己感兴趣的项目上顺风顺水地做一把投资了。

　　诺扎德现在还在卖地毯，不过这次是他自己创办的高档地毯店，他请来了哥哥做管理。在美国，一个一切皆有可能的国度里，巨额财富或许就是这样积累起来的。

YOU
ONLY HAVE
TO BE RIGHT
ONCE

译者后记

　　最初接手翻译时，我的编辑吴悦琳给我提供了好几个选择，最终我挑选了这本书。因为它勾起了我强烈的好奇心，让我特别想把这本书读一遍。毕竟，富人的传奇就像明星的绯闻一样，哪怕跟自己没什么关系，你也情不自禁一探究竟。而这本书里的富人，拥有的不只是惊人的资产，还有青春、才华、胆识和个性，这或许是这个时代特有的现象之一。而谈论新时代的商业模式，就无法避开去谈论这些特别的创业者们。

　　他们，是一群年轻的"互联网海盗"，胆大包天，肆意妄为，野心写在脸上，行动风驰电掣，对于此间少年来说，才华不只是追女孩和写诗的工具，而且可以变现为数十亿美元的财富；创意也不再是躲在车库里心血来潮的改装，而是对一个旧行业的彻底颠覆。

　　他们往往"一夜暴富"，而且有钱的吓人，扎克伯格30岁时的身价就已达到300亿美元，这可能是以往商界前辈们历经几代还无法企及的高度。但他并不是特例，接下来的数年内，又有十多个青少年靠白手起家成为亿万富豪。他们的经典台词是"什么才是酷？100万美元不算酷，10亿美元才是"。

他们年轻，乳臭未干就开始指点江山。过去人们常说，各行各业都是资历越老越值钱。但现在，毛头小子已经代替老练大叔占领了硅谷。社交派对上，西装革履三件套不再吃香，牛仔裤帆布鞋帽衫才是标配。年轻，有钱，无所畏惧，还有什么做不到？

他们不靠"拼爹"靠创意，不玩人脉玩技术。的确，大部分年轻创业者们都接受过良好的精英教育，不管来自家庭环境还是名牌大学，但他们最终取得的成功，绝不只是靠有钱老爸或者人脉关系。从本质上来说，这些少年富豪都是创意天才和技术专家。这一切，是好出身和商学院不一定能够提供的东西。

他们还特立独行，天生不懂得什么是低调。买豪宅，玩私人飞机，泡狂欢派对，扮超级英雄……这些并没有什么令人意外的，如果特斯拉老板埃隆·马斯克不承认自己是"钢铁侠"原型，那没有第二个人敢夸口了。从大学退学也没什么，毕竟前有盖茨和乔布斯带头，所以Snapchat创始人埃文·斯皮格尔敢在大学毕业前一个月从斯坦福课堂上掉头就走再也不回头。

他们也曾历经挫折，深受打击非议，一度陷入失落沉寂，这本书里没有一个创业者是一帆风顺、没有尝过任何失败滋味的。事实上，创业就像一个赌局，赌的就是一把运气。风投人拿钱下注，创业者出创意和技术，成功的概率有多大不要紧，因为只要有一线机遇能够一鸣惊人，那就是一本万利的事。这是一场冒险，处处荆棘迷途，但哪怕另辟蹊径，只要夺宝在手就是成功。因此，用一句最简单的话概括本书内容就是：失败再多无所谓，成功一次就够了。

译者后记

在这本书的成书过程中，我要感谢我的妈妈和弟弟孙奥，男朋友刘彬，感谢我的至交好友李思忆、侯雯雯、沈杏怡、华靖，你们的陪伴和支持是最宝贵的礼物，让我能够坚定自己选择的道路，离梦想更进一步，我爱你们！

最后，感谢您购买本书，如有不当之处还请不吝指正，祝您阅读愉快！

湛庐文化
Cheers Publishing
a mindstyle business ⚡ 与思想有关

湛庐，与思想有关……

如何阅读商业图书

商业图书与其他类型的图书，由于阅读目的和方式的不同，因此有其特定的阅读原则和阅读方法，先从一本书开始尝试，再熟练应用。

阅读原则1 二八原则

对商业图书来说，80%的精华价值可能仅占20%的页码。要根据自己的阅读能力，进行阅读时间的分配。

阅读原则2 集中优势精力原则

在一个特定的时间段内，集中突破20%的精华内容。也可以在一个时间段内，集中攻克一个主题的阅读。

阅读原则3 递进原则

高效率的阅读并不一定要按照页码顺序展开，可以挑选自己感兴趣的部分阅读，再从兴趣点扩展到其他部分。阅读商业图书切忌贪多，从一个小主题开始，先培养自己的阅读能力，了解文字风格、观点阐述以及案例描述的方法，目的在于对方法的掌握，这才是最重要的。

阅读原则4 好为人师原则

在朋友圈中主导、控制话题，引导话题向自己设计的方向去发展，可以让读书收获更加扎实、实用、有效。

阅读方法与阅读习惯的养成

（1）回想。阅读商业图书常常不会一口气读完，第二次拿起书时，至少用15分钟回想上次阅读的内容，不要翻看，实在想不起来再翻看。严格训练自己，一定要回想，坚持50次，会逐渐养成习惯。

（2）做笔记。不要试图让笔记具有很强的逻辑性和系统性，不需要有深刻的见解和思想，只要是文字，就是对大脑的锻炼。在空白处多写多画，随笔、符号、涂色、书签、便签、折页，甚至拆书都可以。

（3）读后感和PPT。坚持写读后感可以大幅度提高阅读能力，做PPT可以提高逻辑分析能力。从写读后感开始，写上5篇以后，再尝试做PPT。连续做上5个PPT，再重复写三次读后感。如此坚持，阅读能力将会大幅度提高。

（4）思想的超越。要养成上述阅读习惯，通常需要6个月的严格训练，至少完成4本书的阅读。你会慢慢发现，自己的思想开始跳脱出来，开始有了超越作者的感觉。比拟作者、超越作者、试图凌驾于作者之上思考问题，是阅读能力提高的必然结果。

好的方法其实很简单，难就难在执行。需要毅力、执著、长期的坚持，从而养成习惯。用心学习，就会得到心的改变、思想的改变。阅读，与思想有关。

[特别感谢：营销及销售行为专家 孙路弘 智慧支持！]

ℰ 我们出版的所有图书，封底和前勒口都有"湛庐文化"的标志

并归于两个品牌

ℰ 找"小红帽"

　　为了便于读者在浩如烟海的书架陈列中清楚地找到湛庐，我们在每本图书的封面左上角，以及书脊上部47mm处，以红色作为标记——称之为**"小红帽"**。同时，封面左上角标记**"湛庐文化 Slogan"**，书脊上标记**"湛庐文化 Logo"**，且下方标注图书所属品牌。

　　湛庐文化主力打造两个品牌：**财富汇**，致力于为商界人士提供国内外优秀的经济管理类图书；**心视界**，旨在通过心理学大师、心灵导师的专业指导为读者提供改善生活和心境的通路。

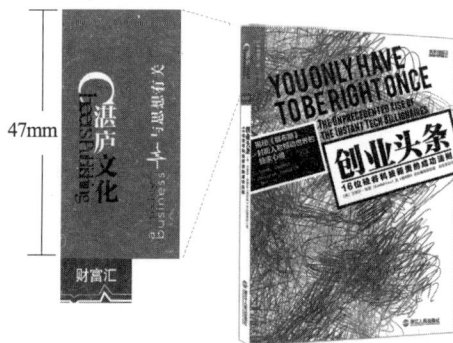

ℰ 阅读的最大成本

　　读者在选购图书的时候，往往把成本支出的焦点放在书价上，其实不然。

时间才是读者付出的最大阅读成本。

　　阅读的时间成本=选择花费的时间+阅读花费的时间+误读浪费的时间

　　湛庐希望成为一个"与思想有关"的组织，成为中国与世界思想交汇的聚集地。通过我们的工作和努力，潜移默化地改变中国人、商业组织的思维方式，与世界先进的理念接轨，帮助国内的企业和经理人，融入世界，这是我们的使命和价值。

　　我们知道，这项工作就像跑马拉松，是极其漫长和艰苦的。但是我们有决心和毅力去不断推动，在朝着我们目标前进的道路上，所有人都是同行者和推动者。希望更多的专家、学者、读者一起来加入我们的队伍，在当下改变未来。

湛庐文化获奖书目

《大数据时代》
国家图书馆"第九届文津奖"十本获奖图书之一
CCTV"2013中国好书"25本获奖图书之一
《光明日报》2013年度《光明书榜》入选图书
《第一财经日报》2013年第一财经金融价值榜"推荐财经图书奖"
2013年度和讯华文财经图书大奖
2013亚马逊年度图书排行榜经济管理类图书榜首
《中国企业家》年度好书经管类TOP10
《创业家》"5年来最值得创业者读的10本书"
《商学院》"2013经理人阅读趣味年报·科技和社会发展趋势类最受关注图书"
《中国新闻出版报》2013年度好书20本之一
2013百道网·中国好书榜·财经类TOP100榜首
2013蓝狮子·腾讯文学十大最佳商业图书和最受欢迎的数字阅读出版物
2013京东经管图书年度畅销榜上榜图书,综合排名第一,经济类榜榜首

《爱哭鬼小隼》
国家图书馆"第九届文津奖"十本获奖图书之一
《新京报》"2013年度童书"
《中国教育报》"2013年度教师推荐的10大童书"
新阅读研究所"2013年度最佳童书"

《牛奶可乐经济学》
国家图书馆"第四届文津奖"十本获奖图书之一
搜狐、《第一财经日报》2008年十本最佳商业图书

《影响力》(经典版)
《商学院》"2013经理人阅读趣味年报·心理学和行为科学类最受关注图书"
2013亚马逊年度图书分类榜心理励志图书第八名
《财富》鼎力推荐的75本商业必读书之一

《影响力》(教材版)
《创业家》"5年来最值得创业者读的10本书"

《大而不倒》
《金融时报》·高盛2010年度最佳商业图书入选作品
美国《外交政策》杂志评选的全球思想家正在阅读的20本书之一
蓝狮子·新浪2010年度十大最佳商业图书,《智囊悦读》2010年度十大最具价值经管图书

《第一大亨》
普利策传记奖,美国国家图书奖
2013中国好书榜·财经类TOP100

《卡普新生儿安抚法》(最快乐的宝宝1·0~1岁)
2013新浪"养育有道"年度论坛养育类图书推荐奖

《正能量》
《新智囊》2012年经管类十大图书,京东2012好书榜年度新书

《认知盈余》
《商学院》"2013经理人阅读趣味年报·科技和社会发展趋势类最受关注图书"
2011年度和讯华文财经图书大奖

《神话的力量》
《心理月刊》2011年度最佳图书奖

《真实的幸福》
《职场》2010年度最具阅读价值的10本职场书籍

延 伸 阅 读

《绝佳提问》

◎ 未来最需要的不是知道答案的人，而是能够提出美丽问题的人。掌握提问的无穷力量，改变传统的思维方式，真正实现从 0 到 1。

◎《企业家》网站评选的 2014 年度 25 本最令人惊叹的图书，《赫芬顿邮报》2014 年度改变思维的 10 本必读书，《大西洋月刊》旗下新闻网站 Quartz 评选的 2014 年度必读的 13 本商业类图书，福布斯网站创意领袖暑期必读书。

扫码直达本书购买链接

《无须等待》

◎ 硅谷顶级孵化器 YC 合伙人、"互联网头条"社交新闻网站 reddit 创始人亚历克西斯·奥海涅力作。

◎ 畅销书《信号与噪声》作者纳特·西尔弗、网景公司创始人马克·安德森、Zappos 公司首席执行官谢家华、YC 合伙人加里·谭鼎力推荐。

扫码直达本书购买链接

《YC 创业营》

◎ 首度揭秘硅谷最著名的创业孵化器 Y Combinator。顶级投资人的甄选秘籍，草根创业者的指导手册。

◎《纽约时报》"数字领域"专栏作家，畅销书《硅谷教父》、《谷歌星球》和《洛园的巫师》作者兰德尔·斯特罗斯获准进入 Y Combinator 及其创业公司全程跟踪批量投资项目的第一人。

扫码直达本书购买链接

《孵化 Twitter》

◎ 国内首部源自真实采访的 Twitter 成长史，中英文版零时差同步上市！这是一部被 Twitter 公司拒绝正式授权的作品，这是一个关于金钱、权力、友谊和背叛的真实故事。

◎ 由《纽约时报》最受欢迎的科技和商业专栏作家尼克·比尔顿亲自执笔，源自对 Twitter 四位创始人和高管的几百小时采访，参阅一千多份从未披露的内部文件。

◎ 本书英文版在 Twitter 上市前夕 11 月 5 日一经推出，就登上各大销售商的排行榜榜首。

扫码直达本书购买链接

图书在版编目（CIP）数据

创业头条：16位硅谷科技新贵的成功法则 /（美）莱恩及《福布斯》
杂志编辑部著；孙莹莹译 . —杭州：浙江人民出版社，2015.6

ISBN 978-7-213-06750-1

Ⅰ.①创⋯　Ⅱ.①莱⋯　②孙⋯　Ⅲ.①企业管理–经验–美国　Ⅳ.
①F279.712.3

中国版本图书馆 CIP 数据核字（2015）第 117705 号

上架指导：创新管理 / 企业管理

浙 江 省 版 权 局
著作权合同登记章
图字 : 11-2015-43 号

创业头条：16位硅谷科技新贵的成功法则

作　　者：	〔美〕兰德尔·莱恩及《福布斯》杂志编辑部　著
译　　者：	孙莹莹　译
出版发行：	浙江人民出版社（杭州体育场路347号　邮编　310006）
	市场部电话：（0571）85061682　85176516
集团网址：	浙江出版联合集团　http://www.zjcb.com
责任编辑：	金　纪
责任校对：	张志疆
印　　刷：	北京鹏润伟业印刷有限公司

开　　本：	720 mm × 965 mm 1/16	印　　张：	16
字　　数：	18.2 万	插　　页：	1
版　　次：	2015 年 6 月第 1 版	印　　次：	2015 年 6 月第 1 次印刷
书　　号：	ISBN 978-7-213-06750-1		
定　　价：	54.90 元		

如发现印装质量问题，影响阅读，请与市场部联系调换。